내 **삶**을 이끌어 준
*12*가지 **말씀**

김진홍 지음

내 삶을 이끌어 준 12가지 말씀

김진홍 지음

목차

006 • 글을 시작하며

009 • 내 삶을 이끌어준 첫 번째 말씀 1-10
풍랑 속에서

오호라 나는 곤고한 사람이로다
이 사망의 몸에서 누가 나를 건져내랴
로마서 7장 24절

037 • 내 삶을 이끌어준 두 번째 말씀 11-15
그리스도 안에서

우리는 그리스도 안에서 그의 은혜의 풍성함을 따라
그의 피로 말미암아 속량 곧 죄 사함을 받았느니라
에베소서 1장 7절

053 • 내 삶을 이끌어준 세 번째 말씀 16-24
한 알의 밀알이 되어

내가 진실로 진실로 너희에게 이르노니
한 알의 밀이 땅에 떨어져 죽지 아니하면
한 알 그대로 있고 죽으면 많은 열매를 맺느니라
요한복음 12장 24절

079 • 내 삶을 이끌어준 네 번째 말씀 25-37
가난한 자를 위한 예수

주 여호와의 영이 내게 내리셨으니
이는 여호와께서 내게 기름을 부으사
가난한 자에게 아름다운 소식을 전하게 하려 하심이라
나를 보내사 마음이 상한 자를 고치며 포로된 자에게 자유를,
갇힌 자에게 놓임을 선포하며 여호와의 은혜의 해와
우리 하나님의 보복의 날을 선포하여 모든 슬픈 자를 위로하되
무릇 시온에서 슬퍼하는 자에게 화관을 주어 그 재를 대신하며
기쁨의 기름으로 그 슬픔을 대신하며 찬송의 옷으로 그 근심을 대신하시고
그들이 의의 나무 곧 여호와께서 심으신 그 영광을 나타낼 자라
일컬음을 받게 하려 하심이라...

이사야 61장 1~4절

119 • 내 삶을 이끌어준 다섯 번째 말씀 38-42
세상에 불 던지러 오신 예수

내가 불을 땅에 던지러 왔노니
이 불이 이미 붙었으면 내가 무엇을 원하리요

누가복음 12장 49절

137 • 내 삶을 이끌어준 여섯 번째 말씀 43-48
오직 하나님께 속하라

여호와께서 유다와 예루살렘 사람에게 이와 같이 이르노라
너희 묵은 땅을 갈고 가시덤불에 파종하지 말라
유다인과 예루살렘 주민들아 너희는 스스로 할례를 행하여
너희 마음 가죽을 베고 나 여호와께 속하라 그리하지 아니하면
너희 악행으로 말미암아 나의 분노가 불 같이 일어나 사르리니
그것을 끌 자가 없으리라

예레미야 4장 3~4절

159 • 내 삶을 이끌어준 일곱 번째 말씀 49-63

내가 새벽을 깨우리로다

하나님이여 내 마음이 확정되었고
내 마음이 확정되었사오니 내가 노래하고 내가 찬송하리이다
내 영광아 깰지어다 비파야, 수금아, 깰지어다
내가 새벽을 깨우리로다

시편 57편 7~8절

201 • 내 삶을 이끌어준 여덟 번째 말씀 64-79

하나님께 빚진 자

그러므로 형제들아 우리가 빚진 자로되
육신에게 져서 육신대로 살 것이 아니니라
너희가 육신대로 살면 반드시 죽을 것이로되
영으로써 몸의 행실을 죽이면 살리니

로마서 8장 12~13절

253 • 내 삶을 이끌어준 아홉 번째 말씀 80-86

둘이 하나가 되리라

여호와의 말씀이 또 내게 임하여 이르시되
인자야 너는 막대기 하나를 가져다가
그 위에 유다와 그 짝 이스라엘 자손이라 쓰고
또 다른 막대기 하나를 가지고 그 위에 에브라임의 막대기
곧 요셉과 그 짝 이스라엘 온 족속이라 쓰고
그 막대기들을 서로 합하여 하나가 되게 하라
네 손에서 둘이 하나가 되리라

에스겔 37장 15~17절

277 • 내 삶을 이끌어준 열 번째 말씀 **87-95**

하늘로부터 오는 소리

백성이 다 세례를 받을새 예수도 세례를 받으시고 기도하실 때에
하늘이 열리며 성령이 비둘기 같은 형체로 그의 위에 강림하시더니
하늘로부터 소리가 나기를 너는 내 사랑하는 아들이라
내가 너를 기뻐하노라 하시니라

누가복음 3장 21~22절

303 • 내 삶을 이끌어준 열한 번째 말씀 **96-97**

스스로 개척하라

여호수아가 그들에게 이르되 네가 큰 민족이 되므로
에브라임 산지가 네게 너무 좁을진대 브리스 족속과 르바임 족속
의 땅 삼림에 올라가서 스스로 개척하라 하니라

여호수아 17장 15절

309 • 내 삶을 이끌어준 열두 번째 말씀 **98-100**

내 영혼이 은총입어

내가 그리스도 안에 있는 한 사람을 아노니
그는 십사 년 전에 셋째 하늘에 이끌려 간 자라
(그가 몸 안에 있었는지 몸 밖에 있었는지 나는 모르거니와
하나님은 아시느니라) 내가 이런 사람을 아노니
(그가 몸 안에 있었는지 몸 밖에 있었는지 나는 모르거니와
하나님은 아시느니라) 그가 낙원으로 이끌려 가서
말로 표현할 수 없는 말을 들었으니
사람이 가히 이르지 못할 말이로다

고린도후서 12장 2~4절

316 • 글을 마치며

글을 시작하며

10여 년 전부터 쓰고 싶었던 글이 있었습니다. 나의 80년 삶을 이끌어 주었던 12가지 말씀을 쓰고 싶은 마음이었습니다. 진작에 12가지 성경 구절을 수첩에 적어두고는 마냥 세월만 흘러갔습니다.

그런데 두레마을 둘레길을 혼자 걷는 중에 더 미루어서는 안 되겠다는 조바심이 들어 더 미루지 말고 써야겠다는 마음을 갖게 되었습니다.

지금 생각으로는 12가지 말씀 중 한 말씀을 한 장 Chapter으로 하여 12장으로 된 글을 쓸 작정입니다. 이 글을 쓰기 시작하면서 이렇게 써야지 하는 3가지 다짐을 합니다.

첫째는 정직하게 쓰자는 다짐입니다.

내가 살아온 세월을 보태지도 말고 빼지도 말고 있는 그대로를 써야 하는 다짐입니다. 특히 밖으로 들어내 놓기에는 부끄러운 순간들이 적지 않았습니다. 그런 순간들도 가리려고 하지 말고 그대로 쓰자는 생각입니다.

둘째는 쉽게 쓰자는 다짐입니다.

　인생길을 마무리하는 할머니 할아버지들도 쉽사리 이해할 수 있고 초등학생들까지도 마음으로 느낄 수 있도록 쉽게 쓰자는 생각입니다. 그간의 경험에 의하면 글을 쉽게 쓰려면 먼저 생각을 깊이 하여 그 생각이 온몸으로부터 우러나오도록 할 수 있어야 쉬운 글이 나올 수 있습니다.

셋째는 깊이 있게 쓰자는 다짐입니다.

　모름지기 인생살이는 깊이의 세계입니다. 더욱이 신앙의 세계, 종교의 세계는 깊이의 세계입니다. 영혼 깊은 곳으로부터 우러나오는 깊이가 없다면 굳이 써야 할 필요가 없는 글이 될 것이라 여겨집니다. 나는 내가 소속된 한국 프로테스탄트 교회에 한 가지 치명적인 약점이 있음을 느껴왔습니다. 영혼의 깊은 세계로 들어가지 못한 채로 진실한 혼의 세계의 변두리로만 돌고 있지 않나 하는 아쉬움입니다. 이제는 한국교회도, 한국교회의 성직자들인 우리도 깊은 세계로 들어가야 할 때입니다. 그래서 이번에 쓰는 글이 내 영혼의 깊은 곳으로부터 우러나오는 글이 되기를 소망합니다.

내 삶을 이끌어 준

첫 번째 말씀

풍랑 속에서

오호라 나는 곤고한 사람이로다
이 사망의 몸에서 누가 나를 건져내랴

(로마서 7장 24절)

1
풍랑 속에서

"나는 생각한다. 고로 나는 존재한다."
라틴어로는 "Cogito ergo Sum"입니다.
철학자 데카르트(René Descartes, 1596.03.31~1650.02.11)의
말입니다.
이 말을 흉내 내어 철학자들이 쓰는 말이 있습니다.
"나는 방황한다. 고로 나는 존재한다."

　고등학교 시절에 나는 염세주의에 빠졌었습니다. 독일의 염세주의자 쇼펜하우어가 쓴 〈자살론〉을 끼고 살며 어떻게 하면 이 곤고하고, 살만한 가치가 없는 세상을 떠날까 고민하다가는 어머니를 생각하여 차마 죽을 수 없었습니다.
　또 나의 방황끼도 유별났습니다. 고등학교 시절에 이미 방황끼가 발동하여 가출家出하였습니다. 고등학교 2학년 시절이었습니다.
　사는 것이 지루하고 공부도 하기 싫어져서 여름 어느 날 칫솔 하나 윗주머니에 꽂고, 헤르만 헤세의 시집 한 권 달랑 들고 대구역에서 부산행 완행열차에 올라 삼랑진역에서 내렸습니다. 삼랑진에서 낙동강 강둑을 걷고 걸어, 남지를 지나 진해까지 갔습니다. 진해의 한 식당에서 심부름꾼으로 얼마를 있다가 다시 걸어 진주를 지나 통영까

지 갔습니다.

   진주에서도 이런저런 허드렛일을 하다가 배를 타고 여수로 갔습니다. 여수 순천을 지나 전라도 황톳길을 걸으며 청록파 靑鹿派 시인 박목월의 〈나그네〉를 읊었습니다.

나그네

강나루 건너서
밀밭 길을

구름에 달 가듯이
가는 나그네

길은 외줄기
남도 南道 삼백 리

술 익는 마을마다
타는 저녁놀

구름에 달 가듯이
가는 나그네

   황톳길을 걷다 날 저물고 배고파지면 마을에 들러 농사일을 거들며 며칠을 지내다가 다시 정처 없이 발길을 옮기곤 하였습니다.

2
풍랑 속에서

방랑하는 날들이 길어지면서 호구지책으로 여름에는 화장품 장사를 하고 마을 아낙네들이 화장을 안 하는 여름에는 바늘 장사를 하였습니다. 바늘 한 첩에 12개가 들어 있습니다. 도매상에서 바늘을 사서 마을 마을을 돌아다니며 팔기도 하고 바늘 한 첩을 주고는 한 끼를 때우곤 하였습니다.

때로 농가에서 밭매기, 모심기를 돕다가는 하늘이 높푸르고 구름이 흐르는 날이면 다시 발길을 옮기곤 하였습니다. 하늘에 떠 있는 흰 구름을 보며 헤르만 헤세hermann Hesse의 시를 흥얼거리곤 했습니다.

피에졸레
헤르만 헤세

머리 위 푸른 하늘로 흐르는 구름이
내게 손짓한다. 고향으로 가라고.

고향으로, 그지없이 먼 지편으로
평화와 별의 나라 머나먼 곳으로

고향이여, 너의 푸르고 아름다운 바닷가를
영영 볼 수 없단 말인가.

허나 여기 남쪽 나라 어딘가에
나의 잃어버린 고향을 만날 수 있으련만

얼마쯤 돌아다니다가 정신을 차리고 집으로 돌아와서 학교에 갔지만, 한 달을 견디고 두 달째가 되니 도저히 견딜 수 없어, 또다시 집을 뛰쳐나와 장날을 찾아다니며 장사도 하며 정신없이 돌아다녔습니다. 그렇게 다니기를 일 년 반이 지난 어느 날 여수 오동도 섬에 이르러 동백나무 아래 무릎 꿇고 앉아 기도드렸습니다.

"예수님, 저 이제 그만 돌아다니고 저를 기다리는 어머니가 계신 대구 집으로 가서 공부할랍니다."

그러고는 여수항에서 통영 가는 배를 타고 통영에 내려 걷고 걸어 집으로 돌아왔습니다.

3
풍랑 속에서

1년 반을 무전여행 하다 집에 돌아오니 어머니께서 눈물을 훔치시며 기뻐하셨습니다. 나는 어머니 앞에 무릎을 꿇고 말씀드렸습니다.

"어머니, 나 이제 그만 돌아다니고 공부할랍니다. 그간에 어머니 속 썩여서 죄송합니다. 이제부터 학교도 열심히 나가고 교회도 열심히 다니겠습니다."

어머니께서는 눈물을 훔치시며 말씀하셨습니다.

"그래, 내 기도 응답이다. 그간에 새벽마다 하나님께 네가 돌아오게 해 달라고 기도드렸다. 넌 공부해야 할 사람이다. 너희 아버지가 숨지기 전에 특별히 너를 공부시키라고 부탁까지 하셨다. 너는 열심히 공부하면 크게 될 거다. 내가 굶어도 네 공부는 밀어줄 테니 열심히 해라."

나는 어머니께 "우선 공부할 책을 사야 하니 책값을 구해 주십시오." 하고 말씀드렸더니 어머니께서 "그래, 책값이 얼마나 되겠냐?" 하시기에 "그간에 책을 놓고 지냈으니 우선 영어와 수학 참고서부터 사서 밀린 공부를 독학으로 공부하기 시작해야겠습니다. 아마 3만 원 정도면 될 것 같습니다."라고 말씀드렸습니다.

어머니께서는 "그래, 오늘은 자고 내일 나가서 책값 구해 올게. 피곤할 테니 푹 자그라." 하셨습니다.

다음 날 어머니는 새벽기도를 마친 후 바로 나가시더니 날이 어두워져 가는데도 돌아오시지 않았습니다. 시장기를 느껴 부엌으로 가서 쌀독을 보니 쌀이 바닥에 조금 남아있어 '예나 지금이나 집안 형편이 말이 아니구나'라는 생각에 공부를 열심히 해서 빨리 어머니를 편하게 해드려야겠다고 생각하여 더욱 열심히 공부하였습니다.

저녁 8시가 되어도 돌아오지 않으셔서 나는 어머니께서 책값 구하러 다니시다 교통사고라도 나셨나 염려하는 마음으로 기다렸습니다. 밤 8시가 지나 어머니가 돌아오셔서, "너 책값 구해 왔다. 이 돈으로 책 사다 열심히 공부해라." 하시고는 일찍 잠자리에 드셨습니다. 나는 감사를 표하고 내일 서점으로 가서 책 사야지 하고는 읽던 책을 계속 읽고 있었습니다.

그런데 주무시는 어머니께서 머리에 수건을 쓰고 주무시는 것을 보고 어머니는 왜 수건을 쓰신 채로 주무실까 하여 수건을 벗겨 드리다가 소스라치게 놀랐습니다.

4
풍랑 속에서

어머니 머리에는 머리카락이 하나도 없었습니다. 마치 비구니처럼 맨머리였습니다. 그때 나는 깨달았습니다.

'어머니께서 책값을 구하시려 온종일 친척, 친지 집을 다니시다 구할 수 없게 되니까 가발 가게로 가서 머리카락을 파신 게로구나. 그래서 밤늦게 들어오신 게로구나.'

그렇게 사태를 짐작하고 나니 눈시울이 찡하게 감동이 일었습니다. 이런 어머니를 위해서 밤낮없이 공부하여 꼭 성공하여 어머니께 보답하여야겠다고 다짐하였습니다. 다음 날 서점으로 가서 책 2권을 샀습니다. 서울대학교의 유진 교수가 집필한 영어 구문론 English Syntax이란 책과 수학의 정석이란 책이었습니다.

나는 그날로 이발관으로 가서 머리를 율브린너 스타일로 싹 밀고는 들어앉아 영어 구문론을 읽기 시작하였습니다. 마음을 집중하여 7차례 정독하였습니다. 그리고 나니 그 책의 내용을 훤하게 알 수 있게 되었습니다. 동명사는 몇 페이지, 전치사는 몇 장 몇 절이란 식으로 꿰뚫게 되었습니다. 2년여 후에 지금의 수능 시험과 같은 실력 고사를 치를 때에 영어 시험 시간에 60문제가 출제되었는데 영어 구문론에 없는 문제는 2문제 밖에 없었습니다.

그런데 그렇게 열심히 공부하여 좋은 성적으로 대학에 들어가 장학금을 받으며 공부할 수 있게 되긴 하였는데 심각한 문제가 생겼습니다. 짧은 기간에 대학 입시 공부에 몰두하느라 잠을 줄이기 위하여 '카페나'라는 잠 안 오는 약을 밤마다 먹고, 밤샘하듯이 하며 공부하였는데 그 약의 부작용으로 심한 위장 장애가 왔습니다.

대학 생활을 하는 중에 얼마 지나지 않아 위장병에 시달리게 되었습니다. 소화 기능이 떨어져 6개월 이상 죽을 먹으며 지나게 되니 꼴이 말이 아니게 되었습니다. 위장병이 심해지면 나중에 엉뚱한 생각이 들게 됩니다. 차라리 팔이나 다리 하나가 없는 것이 낫겠다는 생각입니다. 그런 생각을 할 만큼 위장병으로 시달리게 되었습니다.

그렇게 되니 의지력이 약하여지고 신경쇠약 증세 같은 증세가 생기고 불면증까지 왔습니다. 몸이 약하여지면 마음도 약해집니다. 염세주의에 젖어 들게 되고 자살을 생각하는 상태에까지 이르렀습니다. 더욱이 내 전공이 철학이었던지라 회의와 방황이 날로 깊어졌습니다.

5
풍랑 속에서

내가 다닌 대구 계명대학교 맞은편에는 화장터가 있었습니다. 지금은 시외로 옮겼습니다만 그 시절에는 철학과 강의실에서 창밖으로 눈을 돌리노라면 화장터 굴뚝에서 시체 태운 연기가 피어오르는 모습이 보였습니다. 나는 시간이 날 때면 화장터로 가서 시체가 타서 한 줌 재로 바뀌는 과정을 살피곤 하였습니다. 그러면서 인생무상 人生無常을 느껴 보곤 하였습니다.

대학을 졸업한 후 철학과의 조교 助敎가 되었습니다. 하루는 조교실에서 철학 서적 15권을 쌓아 놓고 골똘히 생각하였습니다. 임마누엘 칸트의 〈순수이성비판〉, 하이데거의 〈존재와 시간〉, 버트란드 러셀의 〈철학이란 무엇인가〉, 존 듀이의 저서 등이었습니다. 그 책들을 보며 이 책들에 적힌 내용에 내 인생을 걸 수 있을 것인가? 철학이란 학문이 한 번 사는 나의 삶을 행복하게 하여 줄 수 있을까를 생각하였습니다.

이런 회의와 고뇌에 젖어 들던 나는 여름 방학이 시작되자 서울로 올라왔습니다. 바닥으로 내려가 인생 체험을 쌓으며 내 자신의 삶에 대하여, 나의 미래에 대하여, 그리고 철학에 대하여 답을 찾고 길을 찾겠다는 마음이었습니다.

　서울에 올라와 처음 한 일이 아이스케키 장사였습니다. 아이스케키 통을 매고 서울역 뒤편의 비탈길을 올라가면 소이 국민학교가 나옵니다. 나는 소이 국민학교 담벼락에 자리를 잡고 "아이스케키 2개 십 원"하며 지냈습니다. 아이들이 급식 빵을 가져와 아이스케키와 바꾸어 먹어서 그걸로 끼니를 때우기도 하고 잠자리는 서울역 앞 노동자들의 합숙소로 가면 최저 가격으로 잠자리를 얻을 수 있었습니다. 급식 빵을 많이 바꾼 날은 숙소로 가져와 합숙하는 노동자들에게 나누어주니 인기가 높았습니다. 그들과 세상 사는 이야기도 하고 만리동 고개를 힘겹게 오르내리며 장사하는 아줌마들에게 아이스케키를 나누어주며 허물없는 사이가 되었습니다. 행상인들은 고단한 삶에서 잠깐의 휴식을 즐기며 이런저런 이야기를 나와 나누었고 그것이 제법 세상 공부가 되었습니다.

　하루는 뜨거운 햇볕을 밀짚모자로 가리고 "아이스케키 2개 십 원"을 외치고 있는데 나와 같은 나이 또래의 한 젊은이가 엿 상자를 실은 손수레 니야까를 끌며 고갯길을 힘들게 올라왔습니다. 목에 걸고 있는 수건으로 얼굴에 땀을 닦으며 올라오는 모습을 보고 그에게 말했습니다.

　"여보 젊은이, 내 곁에 와서 쉬었다 가세요. 내가 아이스케키 하나 줄게요."

내 말에 젊은이는 옆자리에 손수레를 세우고 내가 주는 아이스케키를 받아먹으며 쉬고 있었습니다. 그때 그가 끌고 온 손수레의 엿 상자 위에 외국책이 한 권 놓여 있었습니다. 호기심이 발동하여 뭔 책인가 제목을 보고는 눈이 번쩍 띄었습니다. 독일의 실존주의 철학자 하이데거가 쓴 『형이상학이란 무엇인가?Was ist Metaphysik』라는 책이었습니다. 나는 그가 그 책을 읽지는 않을 테고 엿 장사 하다 예쁜 책이 나오니까 그냥 엿 상자에 둔 것이겠지 생각하고는 그에게 물었습니다.

"여보, 당신 저 하이데거의 책, 읽는 책 아니지요? 내가 아이스케키 몇 개 드릴 테니 나에게 주실라요?"

그런데 내 말에 그가 아이스케키 먹던 동작을 멈추고 의아스런 눈으로 나를 보며 물었습니다.

"아니, 당신이 이 책이 하이데거 책인 줄 어떻게 아시요?"

그의 말에 나는 더 놀랐습니다.

6
풍랑 속에서

 우리 두 사람은 서로 놀라 인사를 나누었습니다. 그가 자기소개 하기를 서울대학교 철학과를 졸업하고 서울 시내 여자 고등학교에서 독일어 선생으로 있다가 여학생들이 독일어에 흥미가 있을 리 없기에 떠들고 산만하니 따분한 생각이 들어 그만두고 자신은 부모 유산도 있고 하여 세상 체험 쌓으려고 이러고 다닌다고 하였습니다.

 그러는 당신은 왜 철학책을 들고 다니며 아이스케키 장사를 하느냐고 물어 나도 이 철학책에서는 뭔가가 나올 것 같지는 않아 이렇게 서민들의 삶에서 뭔가를 찾아볼까 하여 돌아다니는 중이라 하였습니다.
 우리 둘은 의기투합하여 손수레도 아이스케키 통도 그 자리에 두어 버리고 막걸리 대폿집을 찾았습니다. 대폿집 나무 의자에 걸터앉아 우리는 막걸리 사발을 서로 권하며 인생에 대해, 세상살이에 대해 논하며 혀가 꼬부라질 때까지 마셔댔습니다.
 술기운에 그가 진지한 어투로 말했습니다.

 "옛날 공자 형님이 아침에 도를 들으면 저녁에 죽어도 좋겠다고 했다는데 지금 내가 딱 그 맘이요. 나에게 내가 살아가야 할 의미를 일러 주는 사람이 있다면 나는 평생 머슴 노릇 하겠수다. 좋은 여기 있는데 섬길 주인이 없구려."

"형씨 말이 바로 내 말이요. 나도 지방 대학 철학과 조교 자리를 버리고 무언가 내 인생을 통째로 던질 수 있는 것을 위해 지금 이러고 있수다."

'평생을 바쳐 섬길 주인을 아무리 찾아도 찾지 못하고 길거리만 방황하고 있다.'
그때 나눈 대화는 내 평생에 잊을 수 없는 화두話頭가 되었습니다.

여름이 지나니 아이스케키 장사를 접고 쥬리아 화장품 회사에 들어가 화장품 외판원을 하며 마치 초상집 개처럼 쏘다니다 대구로 내려왔습니다. 하루는 내가 내 정신이 아니라 정신질환에 걸린 것이 틀림없다는 생각에 병원을 찾게 되었습니다. 당시에 유명한 정신과 의사가 청량리 뇌병원의 최신해 박사였습니다.
어렵사리 최신해 박사에게 특진을 받게 되어 내가 정신병인 것 같아 박사님을 찾아왔노라고 말했더니 이것저것 30분이 지나도록 물었습니다.

"자네는 정신병이 아닐세. 정상적인 사람이네."

진료를 마친 최 박사가 결론으로 일러 주기에 내가 의아하여 물었습니다.

"박사님, 제가 정신병인 줄을 알고 왔는데 아니라니요?"

최 박사가 다시 확실하게 일러 주었습니다.

"자기 입으로 정신병이란 사람은 다 정상인 사람이네. 자기가 정신병이 아니란 사람들이 정신병자인 거네."

이렇게 일러 주기에 나는 병원을 나오면서 혼자 투덜거렸습니다.

"이름만 났지 돌팔이 아냐? 본인이 정신병이라는데 아니라 하니 돌팔이 의사인 게지."

그 후 몇 달을 더 서울서 떠돌다 대구로 내려왔습니다.

7
풍랑 속에서

청송 안덕靑松 安德 사부실 마을이 내가 자란 고향입니다. 나는 모태신앙母胎信仰입니다. 어머니 태에서부터 교회를 다녔다 하여 그렇게 부릅니다. 우리 집안은 할아버지께서 사부실 마을에서 머슴살이 하면서 살았습니다.

할아버지께서 아직 총각 머슴이던 때, 여름 어느 날 논에서 일하고 있었는데 지나던 미국 선교사가 불러내어 복음을 전한 것이 우리 집안이 크리스천 집안이 된 시작이었습니다.

사부실 마을에서 교회 다니는 가정은 우리 집안뿐이었습니다. 외갓집과 우리 집 두 집이었습니다. 우리 집 이래야 아버지는 일본 동경에서 30대에 소천召天하시고 어머니께서 외갓집 문간방에서 삯바느질하시며 우리 4남매를 길렀습니다. 그러니 어머니 고생은 말할 수 없을 정도였습니다. 그러나 어머니는 신앙이 독실하셔서 밤낮으로 기도하시며 그 어려움을 이겨내셨습니다.

고향에서 유년 주일학교에 다니던 시절에는 교회에 열심히 다녔습니다. 중학교 1학년 때 대구로 이사하여 영신중학교 시절에도 교회에 잘 다녔지만, 고등학생이 되면서 지독한 방황이 시작되었습니다.

툭하면 집을 나가 돌아다니느라 학교에 못 나가 퇴학과 복학을 거듭했습니다. 무언가를 찾고 있는데 도무지 갈피를 못 잡고 정신없이 방황했습니다.

그래도 죽을 고비를 넘기며 정신을 좀 차리고 집으로 돌아온 후 성광고등학교 다니던 때도 대구 동신교회 학생회장까지 하며 어머니로부터 물려받은 신앙생활에 열심이었습니다. 그러나 대학에 들어가고 철학과를 다니면서 다시 신앙이 뿌리째 흔들리기 시작하였습니다. 어린 시절 철석같이 믿었던 신앙심이 회의와 갈등이 스며들어 날로 심하여졌습니다.

그래서 불교에도 기웃거려 보고 염세주의에 빠져들었습니다. 도무지 살아야 할 이유가 없다는 생각에 젖어 고뇌와 방황의 시절을 보냈습니다. 그 시절 책상머리에 적어 놓고 멍하니 바라보곤 하였던 성경 구절이 로마서 7장 24절입니다.

"오호라 나는 곤고한 사람이로다 이 사망의 몸에서 누가 나를 건져내랴"

이 구절이 영문으로 읽으면 더 실감이 납니다.

"What a wretched man I am! Who will rescue me from

this body of death?"

나는 얼마나 비참한 사람인가! 이 사망의 자리에서 누가 나를 구해 줄 수 있겠는가?

〈wretched man〉이란 말은 풍랑을 만나 갯벌에 꼴아박힌 배의 모습을 일컫습니다.

그런 고뇌와 방황의 날들이 내 영혼을 좀 먹었습니다. 성경 말씀이 도무지 믿어지지 않고 허구인 것 같아 성경책도 불 속에 던져 버리고 미친 듯이 방랑을 즐겼지만, 그것 또한 시들해지고 철학도 시시해져 도무지 영혼의 갈증을 채울 길이 없었습니다. 누군가 "방황하니 청춘이다"라는 말도 하였습니다만 실로 어려운 시절이었습니다. 그러나 그렇게 암울하였던 시절에 햇빛이 비쳐 들기 시작하였습니다.

8
풍랑 속에서

그해 여름에 홍응표 선배를 우연히 만났습니다. 대학 시절부터 철학과 2년 선배인 홍형은 나를 만나면 묻곤 하였습니다.

"김진홍 자네 거듭났어? Born Again 했어?"

그럴 때면 나는 대답하곤 하였습니다.

"아니 홍형, 형이상학을 공부하는 철학도께서 그런 유치한 질문을 하세요. 좀 더 본질적으로 나갑시다."

내가 그렇게 답하면 홍형은 또 말하였습니다.

"예수를 자기 삶의 주인으로 모시는 것보다 더 본질적인 것은 없는 기여. 철학에는 질문만 있지 정답이 없는 걸 자네도 알지 않는가. 철학은 질문이고 예수는 정답 인기여."

그런 대화를 나눌 때면 나는 그가 열정은 있지만, 지적으로는 좀 낮은 사람이라 여겼습니다.

내가 계명대학의 조교로 있으면서 심한 방황을 계속하고 있던 때였습니다. 우연히 길거리에서 홍응표 선배를 다시 만나게 되었습니다. 나를 만난 홍형은 반색하며 다방으로 가서 차 한 잔을 하자며 앞장섰습니다. 차 한 잔을 시켜 놓고 홍형은 여전히 물었습니다.

"어이 진홍이, 거듭났어?"

내가 실소를 지으며 "선배님은 학생 때나 지금이나 여전하시네요. 어떻게 단세포로 된 사람처럼 그 질문하고 사십니까?" 하였더니 본인도 웃으며 말했습니다.

"글쎄, 난 왠지 진홍이를 진짜 크리스천이 되게 하여 복음 전하는 목사가 되게 하는 사명이 있는 것 같아. 내가 다른 일은 못 해도 진홍이 자네를 목사가 되게 하면 그것만으로도 내 사명을 다하게 될 것 같아. 자네가 목사가 되면 다른 목사 100명보다 더 큰 일을 할 것이야."

그런 말을 지나가는 말로 하는 것이 아니라 진지한 얼굴로 심각하게 말하는 것이었습니다. 그런 정성에 마음이 움직였습니다.

"그래요 좀 더 진지하게 이야기를 나누어 봅시다."

나는 그의 말에 귀를 기울였습니다. 한 시간 정도 예수 그리스도에 대한 이야기를 나눈 후에 홍형이 말했습니다.

"진홍이 일주일에 하루만 시간을 내어 함께 성경 공부 하세. 자네가 그렇게만 해 준다면 내가 자네 생활비라도 대주겠네."

내가 말했습니다.

"말은 고맙지만 내 생활비야 내가 알아서 하는 것이지 형이 왜 신경 씁니까? 그러나 형의 지극정성이 맘에 드니 일주일에 한 번 저녁에 시간 낼게요."

그의 지극한 정성에 마음이 움직인 나는 매주 월요일 저녁에 선배와 만나기로 하였습니다.

9
풍랑 속에서

　월요일 저녁에 홍형을 만나 처음에는 로마서 공부를 시작하였습니다. 1968년 여름, 7월인가였습니다. 로마서를 1장부터 진지하게 공부하기 시작하여 나가는 중에 여름이 가고 가을이 왔습니다. 나는 로마서의 깊이에 마음이 열리게 되어 열심을 내어 만남이 계속되었습니다. 로마서는 기독교의 핵심이 되는 내용입니다.

　위대한 사도 바울이 자신이 세운 고린도 교회에 삼 개월을 머물며 바다 건너 로마에 살고 있는 크리스천들에게 보낸 서신입니다. 16장으로 이루어진 로마서는 일독하는데 불과 40분 정도면 읽을 수 있는 글입니다. 구구절절이 진정이 담긴 글입니다. 그래서 로마서에는 별명이 붙어 있습니다. 역사를 만든 책 History Making Book 혹은 역사를 변화시킨 책 History Changing Book이란 별명입니다.

　실제로 로마서로 인하여 세계사는 수차례 개조改造 되었습니다. 4세기 아우구스티누스의 가톨릭교회 개조의 역사가 그러하였고, 16세기 마르틴 루터를 중심으로 한 종교개혁 운동 Reformation Movement이 그러하였습니다. 18세기 영국 사회와 영국교회가 병들었을 때 일어난 요한 웨슬레의 영적 쇄신 운동도 로마서가 기폭제起爆劑가 되었고, 20세기 독일교회가 자유주의 신학으로 생명력을 잃어 가던 때에 칼 바르트가 쓴 로마서 강해가 독일교회에 새바람을 일으키는 출발점이 되었습니다.

로마서라면 먼저 떠오르는 이름이 마르틴 루터입니다. 그는 부요한 상인 가정에서 태어나 아버지가 그를 가업의 후계자로 세우기 위하여 대학에서 법학을 공부하게 하였습니다. 어느 여름날 방학이 되어 그의 친구와 함께 집으로 가는 길에 소나기가 쏟아지고 벼락이 치기 시작하더니 떨어지는 벼락에 그와 동행하던 친구가 그 벼락에 맞아 즉사하였습니다. 이에 충격을 받은 그는 삶에 대하여 번민하기 시작하게 되었습니다.

고뇌가 날로 짙어져 가면서 급기야는 세속적인 삶을 포기하고 수도원으로 들어갔습니다. 그는 1515년 11월에 비텐베르크 대학에 성서학 교수로 있으면서 로마서를 강의하게 되었습니다. 강의가 진행하여 가는 동안에 그는 로마서의 말씀에 마음이 뜨거워지고 복음의 핵심이 무엇인지를 깨달아 가게 되었습니다. 구원이 행위로 이루어지는 것이 아니라 예수 그리스도를 믿음으로 이루어진다는 확신에 이르게 되었습니다.

그는 이 확신에 근거하여 당시의 로마 가톨릭교회가 그릇되게 가르치는 관행에 대하여 저항하는 마음이 끓어올라 비텐베르크 성당

게시판에 95개 조항을 게시하여 교회가 새로워지기를 원하였습니다. 하지만 그는 그 당시에는 그 행동이 얼마나 엄청난 파장을 일으킬지 상상도 하지 못하였습니다. 그로 인하여 종교개혁이라는, 역사의 물줄기를 바꾸는 대역사가 일어나게 되었습니다.

교황은 그를 불러 지금이라도 마음을 바꾸면 살려 주겠노라 하였습니다. 그러나 그는 꿋꿋이 주장하였습니다.

"저는 하나님의 말씀과 양심에 근거하여 결단을 내렸습니다. 지금도 나의 확신이 잘못되었다고 생각하지 않기에 제 입장을 철회할 수 없습니다! 하나님이여, 저를 도와주시옵소서!"

우리도 로마서를 깊이깊이 공부하면 마르틴 루터가 지녔던 그 확신에 이를 수 있게 됩니다.

10
풍랑 속에서

나는 대구 동신교회에서 박용묵 목사님으로부터 세례를 받았습니다. 그 교회에서 중고등학생 시절을 보내고 고등 시절에는 학생회 회장직을 2년이나 맡았더랬습니다. 후에 동신교회에서 시무한 권성수 박사께서 로마서에 대하여 다음 같이 쓴 글이 있습니다.

"루터가 로마서 강해 서론에서 한 말에 의하면 '이 서신은 신약의 주요 부분이며, 가장 순수한 복음이며, 모든 그리스도인은 이 로마서의 내용을 한 단어 한 단어를 읽을 뿐만 아니라 암송할 가치가 있고, 매일 영혼의 일용할 양식으로 집중적으로 성찰할 가치가 있다. 아무리 읽고 묵상하여도 결코 많이 하는 것이 아니다. 다룰면 다룰수록 그 진가가 드러나고, 더욱 맛이 좋아지는 것이 이 서신이다!'라고 하였습니다."

로마서 연구에 관한 책이라면 단연 일본의 평신도 성경학자 우찌무라 간조 內村鑑三 선생이 쓴 〈로마서 연구〉 1, 2권입니다. 우찌무라 선생은 사무라이 가정의 자녀로 태어나 19세기 후반 홋카이도 삿포로농학교에 입학하여 거기서 미국인 교장이었던 크리스쳔 교장의 감화로 기독교에 입문하였습니다. 그는 후에 미국 유학을 하고 난 후

첫 번째 말씀 풍랑속에서 33

신앙심과 애국심에 대한 명언을 남겼습니다.

"내가 미국에 가서 유학하는 동안에 느낀 바로는 미국이 크리스천 국가라는 것과 미국 국민들이 바르게 신앙생활 하는 것과는 다르더라. 복음 자체는 국경이 없는 우주적인, 세계적인 복음이다. 그러나 그 복음을 믿는 크리스천들에게는 국경이 있다. 미국 크리스천들은 미국을 섬기고 일본 크리스천들은 일본을 섬겨야 한다. 일본 크리스천은 예수 그리스도를 섬김과 동시에 자신이 속한 조국을 섬겨야 한다. 신앙심과 애국심은 항상 함께 나가야 한다."

우찌무라 간조 선생의 저술 중에 단연 으뜸이 되는 저서가 로마서 연구입니다. 그는 로마서 연구의 서론에서 성경과 로마서에 대하여 다음 같이 쓰고 있습니다.

"신약성서는 그 분량 면에서 보면 결코 큰 책이라 할 수 없다. 이것을 불교의 경전인 대장경에 비하면, 그 분량에 있어서는 오두막집을 큰 저택과 비교하는 것보다 못하다. 또 이것을 회교의 경전인 코란에 비교하더라도 그 절반의 분량밖에 안 된다. 그런데 이 작은 책 속에 세계를 몇 번이나 개조한 역사를 가지고, 또 장래에도 그러한 힘을 갖추고 있는 한 소책자가 들어 있는 것은 기적 중의 기적이다. 이 소책자야말로 우리가 이번에 연구할 책인 로마서이다.

…참으로 성서는 보물창고이다. 그중에서 우리가 영혼의 양식으로

삼을 것이 얼마든지 있다.

...그러나 복음의 중심인 십자가, 곧 속죄 문제에 대하여 연구하려면 이 문제에 대하여 철저한 설명을 제공한 로마서를 택하는 것을 최상의 길로 삼아야 한다."

(우찌무라 간조의 로마서 연구 | 김유곤 역 | 크리스챤서적 | 상권 11, 12P)

모친 권경조 권사와 김진홍 목사

두레마을 둘레 길 개울

내 삶을 이끌어 준

두 번째 말씀

그리스도 안에서

우리는 그리스도 안에서 그의 은혜의 풍성함을 따라
그의 피로 말미암아 속량 곧 죄 사함을 받았느니라
(에베소서 1장 7절)

11
그리스도 안에서

1968년 12월 4일 날짜도 분명히 기억합니다. 신약성경 에베소서 1장 7절 말씀이 내 영혼에 지진을 일으켰습니다. 그날은 내 생애를 바꾼 위대한 날이었습니다. 그날 밤 네비게이토 선교회의 홍응표 형, 최광수 형과 함께 에베소서 1장을 읽고 있을 때였습니다. 7절을 읽을 때 헤드라이트 불빛 같은 빛이 내게 비쳤습니다. 그리고 내 머릿속에 지진이 일어났습니다. 살아 계신 예수 그리스도를 인격적으로 만날 수 있게 된 시간입니다.

> "우리는 그리스도 안에서 그의 은혜의 풍성함을 따라 그의 피로 말미암아 속량 곧 죄 사함을 받았느니라"(에베소서 1:7)

"그리스도 안에서"

이 말씀이 나를 완전히 압도하였습니다. "그리스도 안에" 이미 구원의 길이 열려 있음을 깨닫게 되었습니다. 그리스도께서 십자가에서 흘리신 피가 믿는 나로 하여금 고뇌와 방황, 죄와 허물에서 이미 해방하셨음을 고백할 수 있게 되었습니다.

'내가 모태신앙으로 어려서부터 교회를 열심히 다녔거늘 이 단순

하고 분명한 진리를 왜 깨닫지 못하고 지났을까?' 하는 마음이 내 심장으로 파고들었습니다.

젊은 날의 그 숱한 고뇌와 방황, 죄와 허물에서 해방되었다는 감격과 기쁨이 온 맘을 감쌌습니다. 그토록 진리를 찾던 철학에서도, 인간 안에서도 찾지 못했던 그 진리를 '그리스도 안에서' 깨닫게 된 것입니다. 그리스도 예수께서 내 어깨에서 무거운 죄의 짐을 벗겨주셨습니다.

나는 무릎을 꿇고 살아 계신 하나님께 감사기도를 드렸습니다. 죄 짐이 내게서 벗겨진 감격으로 찬송가 421장(통 210장)을 소리 높이 불렀습니다. 감사의 눈물을 훔치며 부르고, 부르고, 또 불렀습니다.

> 내가 예수 믿고서 죄 사함 받아 나의 모든 것 다 변했네
> 지금 내가 가는 길 천국 길이요 주의 피로 내 죄가 씻겼네
>
> 나의 모든 것 변하고 그 피로 구속 받았네
> 하나님은 나의 구원 되시오니 내게 정죄함 없겠네
>
> 주님 밝은 빛 되사 어둠 헤치니 나의 모든 것 다 변했네
> 지금 내가 주 앞에 온전케 됨은 주의 공로를 의지함일세

내게 성령 임하고 그 크신 사랑 나의 맘에 가득 채우며
모든 공포 내게서 물리치시니 내 맘 항상 주안에 있겠네

이 찬송가의 영어 제목은 "Everything is Changed"입니다.
이 찬송가의 제목 그대로 그 후 나의 삶이 변하였습니다.

12
그리스도 안에서

　1968년 12월 4일에 에베소서 1장 7절 말씀을 통하여 예수님을 새롭게 만난 나는 그다음 날에 미국 유학을 위해 수속하던 서류를 몽땅 휴지통에 던져 버리고 신학교에 가기로 결심하였습니다. 내가 계명대학교 학생 시절의 교수 중에 구의령Grubb 미국 선교사가 있었습니다. 그가 나를 만나면 "미스터 김, 철학과를 졸업한 후에 신학교에 가세요. 미스터 김이 목사가 되면 한국교회에 좋은 지도자가 될 것입니다"라고 충고 아닌 충고를 하였습니다. 그러나 그 시절 나는 목사가 될 생각은 전혀 없었기에 퉁명스레 답하곤 하였습니다.

　"선교사님 악담하지 마세요. 내가 왜 목사가 됩니까. 나는 철학을 열심히 하여 모교에서 철학 교수가 될 겁니다."

　그러던 내가 대학 졸업 후 2년이나 지나 예수님을 인격적으로 만나 거듭나는 체험을 한 후에 삶의 방향이 달라졌습니다. 철학 교수가 되는 희망에서 목사가 되는 희망으로 바뀌어졌습니다. 이에 나는 구의령 선교사를 찾아갔습니다. 오랜만에 만난 지라 반갑게 인사를 나눈 후 "선교사님, 저 이제 신학교로 가서 목사가 되기로 결심했습니다" 하고 말하였더니 구의령 선교사는 기뻐하면서 말했습니다.

"미스터 김 축하합니다. 그런데 신학교 입학 시즌이 아직 몇 개월 남았으니, 목회자가 없는 시골 교회로 가서 목회하다 신학교 입학을 하세요. 내가 적합한 교회를 소개하겠습니다."

내가 그 제안을 좋게 여겨 "고맙습니다. 그렇게 해 주십시오"라고 하였더니 그가 나를 랜드로버 차에 태우고 목회지인 경상북도와 경상남도 경계 지점인 달성군 목단교회로 데려다주었습니다. 교인 30여 명이 모이는 농촌 교회였습니다.

교회당 곁에 사택이 붙어 있는 아담한 건물이었습니다. 사택에 짐을 풀고는 가정 방문으로 목회 생활을 시작하였습니다. 그러나 때마침 농번기여서 교인들 집을 방문하니 모두 일터로 나가고 집에는 강아지만 있었습니다. 강아지와 예배드릴 순 없는지라 어떻게 하나 고심하다 좋은 아이디어가 떠올랐습니다.

'좋다! 교인들이 농사일하는 농장으로 찾아가자. 밭고랑에서 논바닥에서 같이 일하면서 대화를 나누고 예배도 드리자.'

나는 즉시 작업복 입고 고무신 신고 목장갑을 끼고는 호미 하나 들고 교인들의 일터를 찾아갔습니다.

13
그리스도 안에서

그렇게 교인들의 일터를 찾아가서는 함께 고추밭을 매면서 이야기를 나눕니다. 두 시간쯤 이야기를 나누노라면 그 가정의 기도 제목을 알게 됩니다. 얼마 후에 참이 나옵니다. 참을 받아 놓고 그 가정을 위하여 간절히 기도드리고는 다른 일터로 옮깁니다.

이번에는 모심기 하는 자리로 가서 함께 모심기를 합니다. 두 시간가량 일하면 점심이 나옵니다. 모심기 철이 되면 일터인 논둑에서 점심을 먹습니다. 점심상을 받아 놓고 함께 일하던 농부들 한 명 한 명 이름을 수첩에 적고는 그들 이름을 부르며 축복 기도를 드립니다. 교회에 다니지 않는 분들도 이름을 부르며 축복 기도를 해 드리면 좋아합니다.

점심 식사 후에는 다시 다른 농장으로 옮깁니다. 그렇게 하니 하루에 3가정 정도 교제를 나눌 수 있었습니다. 그런 날들이 계속되니 마을에 소문이 나기 시작하였습니다. 그리고 주민들과의 스킨십이 좋아졌습니다. 마을 사람들이 자기네들끼리 말하곤 하였습니다.

"이번에 새로 온 목회자는 이전 목사들과는 다르데... 이전 목사들은 노상 넥타이 매고 성경 들고 땅바닥만 내려다보며 다녔는데 이번 목사는 다르데. 일할 줄 모르긴 하드만. 그래도 호미 들고 집집마다 일해 주러 다니드만…"

그렇게 소문나게 되니 하루는 할머니 한 분이 저녁나절 사택에 찾아와서는 말했습니다.

"예배당 선생님요, 낼 우리 집에 와서 콩밭 매는 거 좀 거들어 주실라요. 아들이 군에 가고 영감, 할마시 둘이 농사짓는데 힘들어서 그라요."

"예, 할머니 도와 드리지요. 와서 부탁해 주시니 고맙구먼요."

이러고는 다음 날 아침나절 할머니 댁으로 가서 할아버지, 할머니와 함께 콩밭을 맵니다. 들에서 점심 먹고 오후에도 밭매기하고 저녁에 칼국수까지 대접받고는 헤어지기 전에 군에 간 아들을 위하여 간절히 기도드리고 옵니다.

그런 날들이 이어지니 마을 노인들 사이에서 교회에 대한 분위기가 좋아져 갔습니다. 목단교회가 있는 지역의 마을이 다섯 마을이었는데 그 마을에 사는 65세 이상 노인들의 숫자를 파악하니 37명이었습니다. 하루는 대구로 가서 통닭 40마리를 사서 사과 상자 둘에 신고 와서 교회 마당에 멍석을 깔고는 가마솥에 닭곰탕을 끓였습니다. 그러고는 37명 노인 모두를 초청하여 잔치를 열었습니다.

잔치 후 편을 갈라 윷놀이를 하고는 진 편에 노래 한 곡조씩 하라 일렀더니 노인들이 신바람이 나서 울산 아가씨, 앵두나무 우물가에, 신라의 달밤 등으로 흥겨운 노래판이 벌어졌습니다. 그렇게 흥겹게 놀고 헤어지면서 하는 말이 있었습니다.

"야 이 사람들아! 예배당이 고리타분한 곳인 줄 알았더니 그기 아니잖아. 우리 경로당에서 졸고 있느니 예배당 다니세."

그런 뒤에 노인 교인들이 늘기 시작하였습니다.

14
그리스도 안에서

　마을 노인들이 교회에 관심을 가지기 시작하면서 다음으로 어린이들에게 투자하기 시작하였습니다. 요즘은 농촌 마을에 어린이들이 드물게 되었지만 1960년대에는 마을마다 골목마다 어린이들이 바글바글하던 시절입니다. 그런데 교회에 나오는 아이들은 20명 남짓하였습니다. 나는 어떻게 하면 어린이들이 교회로 올 수 있게 할까를 골똘히 생각하였습니다.

　생각에 생각 끝에 적합한 아이디어가 떠올랐습니다. 저녁마다 마을을 순회하며 아이들을 모아 놓고 재미있는 동화를 들려주자는 생각입니다. 생각나면 즉각 실천에 옮기는 것이 나의 특기입니다. 나는 마을에 번호를 붙이고는 월요일부터 토요일까지 순회하며 이동 동화 대회를 열기로 하였습니다.
　수요일 밤에는 교회에 예배가 있기에 월, 화, 목, 금, 토, 5일간입니다.

　여름날 저녁이면 마을 사람들은 일찍 잠자리에 들지를 아니하고 마당이 넓은 집 마당에 모여 모깃불을 피우고는 남정네들은 새끼를 꼬거나 잡담을 하고 마을 아낙네들은 길쌈하는 일에 열중하곤 하였습니다. 그러다 밤이 으슥하여지면 뿔뿔이 헤어져 집으로 돌아가곤 하였습니다.

나는 대구로 나가 북을 구입하여 왔습니다. 초저녁 나절 북을 둥둥 울리며 마을 골목골목을 돌았습니다. 돌며 아이들을 모았습니다.

"오늘 저녁 재미있는 동화 시간이 있으니, 어린이들은 마을 마당으로 모이세요."

그렇게 하여 마을 어린이들이 모이면 나는 의자에 앉고 어린이들은 바닥에 앉게 하여 재미있는 동화를 들려주었습니다. 장발장, 15소년 표류기, 소공녀, 로빈슨 크루소 등등 내가 중학생 시절에 몰두하여 읽었던 책들을 실감 나게 들려주면 아이들은 이야기에 취하여 웃다가 울다가 시간 가는 줄 모른 채 이야기에 몰두합니다. 그럴 때 이야기를 중단하고는 묻습니다.

"여러분, 이야기를 계속 듣고 싶어요?"

아이들이 "예, 얼른 계속해 주세요. 장발장이 어떻게 됐나요?" 하고 물으면 "예, 나머지 이야기를 듣고 싶으면 주일날 교회로 오세요. 나머지 이야기도 듣고 성경 이야기도 듣고 노래도 배웁시다."하며 아이들을 교회로 초대합니다.

그렇게 다섯 마을을 돌고 나면 주일 유년주일학교 시간에 아이들이 자리가 비좁도록 모여듭니다. 그러면 하던 이야기 이어서 해 주고 예배로 들어갑니다. 〈예수 사랑하심은〉 찬송가를 배우고 성경의 이야기를 들려줍니다. 성경에는 어린이들이 재미있게 들을 이야기가 무궁무진합니다. 다윗과 골리앗 이야기, 삼손 이야기, 갈멜산 이야기 등을 들려주면 예배 시간이 이야기 시간이 됩니다.

15
그리스도 안에서

　교회에 노인들이 모이고 유년주일학교가 성황을 이루게 되니 활기가 도는 분위기로 바뀌어 갔습니다. 성탄절이 다가오는지라 나는 성탄 잔치가 마을 잔치가 되게 해야겠다고 생각하고는 한 달 전부터 준비에 들어갔습니다. 먼저 구약성경 〈에스더서〉로 연극을 하기로 하고 에스더서 본문을 바탕으로 시나리오를 썼습니다.

　되도록 많은 어린이와 청년들을 참여시키는 대본을 만들어 밤마다 교회당에 불을 환하게 밝히고는 연습에 들어갔습니다. 어린이들이 연습하러 올 때 각자가 집에서 감자 하나씩 가져오게 하여 연습 도중 간식을 만들어 먹고 연극 연습, 합창 연습, 장기 자랑 등으로 프로그램을 다양하게 만들어 연습할 때부터 날마다 축제가 되게 하였습니다.

　성탄절이 다가오자 "오시라! 즐기시라! 예수님의 생일잔치에"라고 쓴 포스터를 만들어 어린이들로 각자 자기 마을에서 사람들이 많이 다니는 곳에 붙이게 하였습니다. 이 일을 교사들이 하지 아니하고 어린이들이 직접 하게 하였습니다.

　드디어 성탄절이 와서 잔치가 열렸는데 마을 분들이 너무 많이 와서 교회당 벽이 무너질 정도였습니다.

그렇게 교회가 활력이 생겨나니 마을도 활기가 도는 것 같았습니다. 해가 바뀌고 신학교 입학 철이 되자 신학교에 입학하였습니다. 워커힐 부근에 있는 장로회신학대학입니다. 대학을 졸업하고 입학하여 3년간 공부하는 과정입니다. 내가 입학하였던 1969년에는 40명이 신입생이었습니다. 동기생들은 자부심이 대단하였습니다. 장차 한국 교회와 나라의 영적 지도자가 되겠다는 긍지와 자부심을 지니고 열심히 기도하고 신학 공부에 전념하였습니다.

그런데 첫 학기 시험 치는 시간에 나는 충격을 받았습니다. 시험 치는 도중에 분위기가 이상하여 주위를 돌아보았더니 동기생 중에 몇 분이 컨닝을 하고 있었습니다. 나에게는 충격이었습니다.

"장차 영적 지도자들이 될 사람들이 컨닝을 하다니 이런 짓은 교회만의 문제가 아니다. 나라 망할 노릇이다."

나는 이해가 되지 않았습니다. 나는 대학 졸업 후 모교에서 철학과 조교로 있으면서 교수님들을 도왔습니다. 조교가 하는 일이 시험 감독을 하고 점수를 매기고 철학과의 잡다한 심부름을 하는 것입니다. 내가 철학과 후배들의 시험 시간에 감독하노라면 철학도들은 컨닝을 하지 않습니다. 소크라테스의 제자들이 자존심이 있지 어찌 불명예스럽게 컨닝을 할 수 있겠습니까? 컨닝은 경영과나 행정과 같은 잡과생들이 하는 거이지 철학도들은 컨닝하는 거 아니란 자부심이 있었습니다.

그런데 철학 중의 철학인 〈예수 철학〉하는 신학도들이 컨닝을 하는 모습에 충격을 받은 것입니다. 그래서 쉬는 시간에 앞에 나가서 동급생들에게 진지하게 말했습니다.

"여러분, 내가 시험 치는 도중에 보니 우리 중에 컨닝하는 분들이 몇 있었습니다. 그러지 맙시다. 우리가 모두 장차 이 나라의 정신세계를 이끌어 갈 영적 지도자가 될 사람들이 아닙니까? 다음 시간부터는 그러지 맙시다."

그랬더니 내 말에 공감을 표하는 분들이 있는가 하면 그렇지 않은 분들도 있었습니다. 한 급우가 일어서더니 불쾌하다는 어투로 말했습니다.

"아니 김 전도사가 등록금을 댄 것도 아니고 우리의 감독자로 세운 것도 아닌데 왜 그런 말을 하는 거요? 각자 알아서 할 일이 아니요."

그 발언으로 우리 클래스가 편이 갈라졌습니다. 말하자면 컨닝파와 비컨닝파로 갈라진 셈입니다. 나는 이런 일을 겪으면서 종교가 제도화 되면 이런 모순이 생겨나는 것이로구나 하는 생각에 갈등이 일어났습니다. 신학교를 계속 다녀서 목사 면허증을 받을 것인가 아니면 중도에 그만두고 평신도로 전도하며 살 것인가에 대한 갈등이었습니다.

내 삶을 이끌어 준

세 번째 말씀

한 알의 밀알이 되어

내가 진실로 진실로 너희에게 이르노니 한 알의 밀이 땅에 떨어져
죽지 아니하면 한 알 그대로 있고 죽으면 많은 열매를 맺느니라

(요한복음 12장 24절)

16
한 알의 밀알이 되어

신학교 1학년에 다니는 동안 갈등이 깊어졌습니다. 신학교를 계속 다녀 목사가 될 것인가, 아니면 중퇴하고 노동 현장에서 노동자들과 함께 살며 전도자가 될 것인가를 고민하였습니다. 그래서 1학년 학년 말 시험이 시작되는 날 나는 짐을 싸서 대구로 내려갔습니다. 동급생들이 진심으로 만류하였지만 나는 "사나이는 결단이다"는 허세를 부리며 대구로 갔습니다.

대구에 온 나는 신생 공업사란 철공소에 작업부로 취업하였습니다. 자동차에 사용하는 볼트, 너트 등을 만드는 공장으로 800여 명 노동자들이 일하는 회사였습니다. 회사 사장님이 교회 장로님이었고 회사 임원 전체가 장로 아니면 집사였기에 전도하기에 안성맞춤인 회사라 여겨져서 신생 공업사에 들어가기로 하였던 것입니다.

길가에서 20분 만에 나오는 증명사진 찍어서 붙이고 학력란에 중졸이라 쓴 이력서를 들고 사무실로 갔더니 이력서를 읽고 내 얼굴을 보더니 내일부터 출근하라 하였습니다. 내 속셈은 이왕지사 현장에서 노동자들과 더불어 살며 전도하는 삶을 살자고 작정하였기에 가장 노동 환경이 열악한 철공소로 들어가자 생각하였던 것입니다.

그 시절 거듭거듭 다짐한 말씀이 있었습니다.

"내가 진실로 진실로 너희에게 이르노니 한 알의 밀이 땅에 떨어져 죽지 아니하면 한 알 그대로 있고 죽으면 많은 열매를 맺느니라"(요한복음 12장 24절)

철공소로 들어가서 밑바닥 노동자들 속에서 한 알의 밀알이 되자, 동료 노동자들을 일터에서 섬기며 죽는 밀알이 되자는 마음이었습니다.

그렇게 취업이 된 다음 날 이른 아침 출근하였더니 나를 용광로가 있는 지하실 작업장에 화부火夫로 배치하였습니다. 그날부터 뜨거운 용광로 앞에서 일하게 된 나는 쉬는 시간 틈틈이 〈예수 이야기〉로 말을 걸었습니다. 그런데 내가 예수 이야기만 하면 같이 일하는 일꾼들이 열을 내는 것이었습니다.

"뭐이라고? 예수 믿으라고? 예수라면 신물이 나여. 내가 자식 낳아 예배당에 보내면 사람 새끼가 아니여."

이런 식으로 격한 반응이 나오기에 왜 그럴까를 생각하다 시간이 지나니 그 이유를 알 수 있게 되었습니다. 그 회사가 매일 아침 작업을 시작하기 전에 30분간 예배를 드렸습니다. 예배 시간에 출석하지 않으면 인사 고과에 불이익이 돌아가는 제도였습니다. 그런데 그 예배 시간 30분이 노동 시간에 포함되지 아니하였습니다. 노동자들에게 이른 아침 30분은 소중한 시간이었습니다. 노동자들의 새벽잠 30분을 빼앗는 셈입니다.

그런데 임금은 동종의 다른 철공소에 비하여 10% 정도 낮았습니다. 그러니 내가 나누는 "예수 이야기"에 당연히 반발하게 되는 것이었습니다.

17
한 알의 밀알이 되어

신생 공업사에 입사한 지 한 달가량 지난 어느 날 나는 작심하고 사무실로 가서 온순한 말로 건의하였습니다.

"예배드리는 시간을 노동 시간에 합산하여 주시고 월급을 동종의 다른 회사들과 같은 수준이 되도록 하여 주십시오. 그렇게 하면 작업 분위기가 좋아지고 노동 생산성도 오히려 오를 것입니다."

그런데 다짜고짜로 나오는 반응이 참으로 험하였습니다.

"이거 우리 회사에 빨갱이 한 명 들어왔구먼. 김 씨 당신 정체가 뭐여? 뒷조사를 해봐야겠네."

나는 혈기를 죽이고 공손한 말로 답하였습니다.

"나는 그냥 평범한 노동자입니다. 용광로실에서 달포간 일해 보니 일꾼들의 작업 여건이 안 좋아 이렇게 하면 오히려 회사에 손해일 거 같아 건의하는 것이지 다른 뜻이 있는 거 아닙니다."

그러나 나의 진정은 통하지 아니하고 그날로부터 나는 감시 대상이 되었습니다. 그래서 노동조합을 만들어 조직적으로 대처하여야겠다는 생각이 들어 뜻을 같이할 수 있는 동조자들을 모으기 시작하였습니다. 그럴수록 회사에서는 아예 나에게 전담인을 한 사람 붙여 감시하였습니다. 하루하루가 분위기가 험하여 가던 어느 날 밤 근무를 하는데 용광로에 조정 작업을 하는 중이었습니다. 철공소에는 용광로가 중요합니다.

파이프가 둘이 있어 한 파이프로는 산소가 나오고 다른 한 파이프로는 기름이 나옵니다. 이들 두 파이프를 잘 조정하여 용광로의 온도를 조정하는 것이 화부가 하는 역할입니다. 그날 밤 3시경 잠시 졸다 깨어 파이프의 계기판을 살폈더니 좀 이상한 느낌이 들어 다시 조정하려 하였는데 난데없이 폭발이 일어나 온 얼굴에 불길을 뒤집어쓰고 주저앉았습니다.

불길에 머리칼이 타고 얼굴에 화상을 입어 내 꼴이 말이 아니었습니다. 꽝 하는 소리에 다른 부서 일꾼들이 모여들어 "김 씨 많이 다친 거요? 병원으로 가야 되지 않을까요?" 하며 염려하였습니다. 나는 그 길로 집으로 가서 일주일여 앓아누웠습니다. 며칠이 지나니 회사에서 퇴직금과 위로금이란 명목으로 금일봉을 보내오는 길로 신생 공업사에서의 화부 생활은 끝나고 말았습니다.

18
한 알의 밀알이 되어

　신생 공업사에서 무참하게 망가진 후 곰곰히 생각하니 그래도 교회 공동체에 속하여 선교 운동을 펼쳐야지 혼자서는 안 되겠다는 생각이 들었습니다. 그래서 해가 바뀌어 장로회신학대학에 다시 입학하였습니다. 내가 신학교로 돌아가니 입학 동기생들이 "김 형이 되돌아 올 줄 알았다"라며 반가이 맞아 주었습니다. 그러나 동기생들은 2학년으로 올라가고 나는 다시 1학년이 되는 신세가 되었습니다. 내가 선택한 일이니 어쩔 수 없는 처지였습니다.

　하루는 동기생 중에 결혼하여 학교 부근에서 가정 살림하고 있는 동급생 집에서 아기 돌잔치에 초대받았습니다. 한남대학 출신의 동기와 몇이서 갔더니 젊은 부인이 정성스레 요리한 잔칫상으로 대접받았습니다. 그런데 식사하고 있는 도중에 아기가 자지러질듯이 울며 열이 뜨겁게 올랐습니다. 젊은 엄마가 당황하여 어쩔 줄 몰라 하였습니다. 나는 소아마비 열 같은 병인가 염려되어 동기생 아내에게 말했습니다.

　"아주머니, 혹시 소아마비 열 같은 경우도 있으니 빨리 병원으로 가보는 것이 어떨까요? 내가 나가서 택시 불러올까요?"

내가 진지한 얼굴로 말하였더니 곁에 있던 한남대학 출신의 이 전도사가 차분한 목소리로 "아기를 나에게 주십시오" 하고는 아기를 받아 품에 안고는 이마에 손을 얹은 채로 방언 기도를 드리는 것이었습니다. 방언 기도를 뜨겁게 드린 후 나사렛 예수 이름으로 병마가 물러갈 줄 믿습니다 하고 아기를 엄마에게 돌려주었더니 금방 아기가 울음을 그치고 열이 내렸습니다. 나는 그 모습을 보고 감탄하며 완전히 기가 죽었습니다.

"히야!! 방언 기도로 단번에 병 고치는 정도가 돼야 하는구나. 앞으로 좋은 목사가 되려면 영적 권세가 이 정도는 돼야지 나처럼 택시 불러올까요? 하는 수준으로는 안 되겠구나."

이런 감탄이 마음속으로부터 우러나와 그날 기숙사로 돌아와 방언 전도사에게 심각한 얼굴로 물었습니다.

"이 형, 오늘 놀랬수다. 대단하시던데요. 나도 방언 받아야겠수다. 근데 어떻게 하면 나도 방언 받을 수 있지요?"

19
한 알의 밀알이 되어

방언을 어떻게 할 수 있느냐는 나의 물음에 이 전도사가 환한 얼굴로 답하여 다음 같은 대화가 오고 갔습니다.

"김 형이 이제 방언을 인정하시는군요. 김 형이 방언 능력을 받게 되면 한국교회를 흔들어 놓게 될 것입니다."
"아니요, 한국교회를 흔들기 전에 나부터 좀 흔들어 주시오."
"김 형, 방언 능력 받는 거 쉬운 거 아닙니다."
"쉽지 않으니까 내가 이 형을 찾아와 도와 달라 통사정하는 거 아니요."
"김 형, 방언 능력 받으려면 소나무 한 그루 뽑아야 합니다."
"아니 방언하고 소나무하고 무슨 연관이 있는 기요."

이런 대화가 오고 간 후에 이 전도사는 자신의 고향 교회 목사 이야기를 들려주었습니다. 1960년대와 70년대에는 한국교회 전체에 방언 은사가 왕성하던 시절이었습니다. 자기 교회 교인들은 산상 부흥회나 은사 집회 다녀와서, 새벽기도 시간 같은 자리에서 방언 기도를 뜨겁게 드리는데 목회자인 자신은 방언 기도를 하지 못하니까 영적 권위가 서지 않는 듯하여 하나님께 기도드리기 시작하였답니다.

"하나님, 성령님, 나에게 방언 기도 능력을 허락해 주시옵소서. 교인들은 방언 기도를 드리는데 나는 드리지 못하니 체면이 서지 않습니다. 교인들을 지도하는데 권위가 서지 않습니다. 주시옵소서."

이렇게 열심히 기도드리기 시작하였는데 여름이 지나고 가을이 다 가오니 급한 마음이 일어나 산으로 올라갔습니다. 산비탈에 마땅한 자리를 잡아 앞에 있는 소나무를 붙들고 뜨겁게 기도드리기 시작하였습니다. 소나무를 양손으로 붙들고 "주시옵소서" "방언 주시옵소서" 하고 소나무를 흔들며 부르짖었더니 소나무가 뿌리째 뽑혀 그 반동으로 두어 바퀴 뒹굴어 골짝에 나뒹굴었습니다. 그때 방언이 확 터졌다 했습니다.

나는 그 말을 듣고 그렇게 소나무가 뽑힐 정도로 열심히 부르짖어야 하는 것이로구나 생각하고는 나도 그렇게 해봐야지 하는 마음이 들어 소나무 뽑는 날을 잡았습니다. 주중에는 수업이 있고 주말에는 교회로 가야 하니 5월 5일 어린이날 공휴일을 날 잡았습니다. 어느 산으로 가서 소나무를 뽑을까 고심하다 동기생 중에 삼각산 특별기도원 원장 아들이 있었습니다.

그에게 길을 물어 보고 그 기도원으로 정하였습니다. 청와대 뒤편에 있는 기도원입니다. 5월 5일이 되어 기숙사에서 아침을 먹고는 등산 차림으로 삼각산 특별기도원을 찾았습니다. 기도원 뒷산으로 올라가니 판판한 바위가 있고 그 곁에 만만한 소나무 한 그루가 있기에 두 손으로 잡아보니 손안에 들었습니다. 바위 위에 솔잎이 쌓여 방석처럼 된지라 그곳에 무릎을 꿇고 기도드리기 시작하였습니다.

"하나님, 오늘 저에게 방언 기도를 허락하여 주시옵소서. 방언 허락 받을 때까지 이 자리에서 한 발자욱도 움직이지 않겠습니다. 주시옵소서."

이렇게 간절한 마음으로 기도를 시작하였는데 5분 정도 지나자 아차 자리를 잘못 잡았구나 하는 마음이 들었습니다. 바위 위에 그냥 무릎을 꿇었으니 금세 무릎이 아파오기 시작하였습니다. 그러나 방언 받기 전에는 한 발짝도 움직이지 않겠노라는 기도로 시작하였으니 무릎이 아프다고 "잠시 자리를 옮기겠습니다" 할 수도 없고 그냥 견디자니 무릎이 으깨지는 듯하여 진퇴양난이었습니다.

그냥 참고 견디며 "주시옵소서"를 거듭하는데 나중엔 무릎에 감각도 없어지고 허리가 빠개질 듯이 아파졌습니다. 그때 성경구절 한 절이 마음에 떠올랐습니다.

20
한 알의 밀알이 되어

로마서 8장 32절이 마음에 떠올랐습니다.

"자기 아들을 아끼지 아니하시고 우리 모든 사람을 위하여 내주신 이가 어찌 그 아들과 함께 모든 것을 우리에게 주시지 아니하겠느냐"

그래, 하나님께서 아들 예수 그리스도까지 나에게 주셨는데 나에게 방언이 필요하면 방언을 주실 것이고 병 고치는 은사가 필요하면 주실 것이다. 내가 이미 구원받은 감격이 있고 가슴에 확신으로 임한 은혜가 있지 않은가. 받은 은혜를 열심히 사용하지 아니한 채로 다른 전도사가 방언하고 병 고치는 걸 보고 그것부터 구하는 건 순서가 틀렸다.

이미 내가 받은 은혜와 확신을 열심히 전하고 그렇게 살면 때를 따라 방언이 필요하면 방언 주실 것이고 병 고치는 은사가 필요하면 주실 것이라는 확신이 들었습니다. 그래서 그 자리에서 일어나 절뚝거리며 산을 내려 왔습니다. 산에서 내려오는 길로 동대문 로터리 부근에 있는 그레이하운드 고속버스 터미널로 갔습니다. 그 시절에는 경부선 고속도로가 개통되고 고속버스 운행이 갓 시작된 때였습니다.

그레이하운드 고속버스 터미널 대합실에 들어선 나는 대합실에서 출발 시간을 기다리고 있는 분들에게 노방전도 하기로 마음먹고 마침 의자 하나가 비어 있기에 신발 벗고 그 자리에 올라섰습니다. 못 받은 방언 구하기 전에 이미 받은 구원을 전하는 전도자로부터 시작하자는 마음에서입니다.

빈 의자에 선 나는 웅변조로 전도 설교를 시작하였습니다.

"고속버스 여행을 기다리시는 여러분, 잠시 귀를 빌려주십시오. 여러분, 고속도로는 사망의 길이요, 예수 그리스도는 생명 길입니다. 예수 그리스도를 여러분의 주인으로 영접하여 생명을 얻으십시오."

이렇게 전도 설교를 시작하는데 고속도로 경비원이 지나다 나의 설교를 들었습니다. 서슬이 시퍼렇게 나에게 다가오더니 무조건 내 멱살을 잡고는 의자에서 끌어 내려서는 윽박지르듯이 말했습니다.

"메이라고? 고속도로가 사망 길이라고? 이 작자가 고속도로 사고 나라고 약 쓰는 기여 메이여?"

경비원이 화가 잔뜩 나서 내동댕이칠 듯이 나오기에 나는 '아차 말을 잘못하였구나' 하는 생각이 들어 빌듯이 말했습니다.

"하이고 그런기 아닙니다. 내가 예수 생명 전하다 실수했습니다. 이거 멱살 좀 놓아주세요."

사정 조로 말하였더니 그는 내 엉덩이를 걷어차며 "당장 꺼져라! 다시 와서 그딴 소릴 하면 다릴 분질러 놓을 테다"하며 대합실에서 쫓아냈습니다. 그러나 그렇게 쫓겨났음에도 내 마음은 가뿐하고 기분이 상쾌하였습니다. 전도하다 차이고 쫓겨났으니, 예수님이 기뻐하실 일을 하였단 마음에 기쁨이 임했습니다. 그래서 혼자 중얼거리듯 말했습니다.

"바로 이거다. 아직 못 받은 은사 주시라고 할 것이 아니라 이미 받은 은혜를 전하면 때를 따라 기쁨을 주시고 힘도 주시는구나."

이런 마음이 들어 상쾌한 마음으로 동대문을 떠나 신학교 기숙사로 돌아왔습니다.

21
한 알의 밀알이 되어

그 후로 나는 틈날 때마다 전도지를 들고 전도에 나섰습니다. 문서선교본부에 가면 전도지를 무상으로 공급하여 주었습니다. 〈박 군의 심정〉이란 제목의 전도지였는데 쉽게, 짧게, 그림을 곁들여 짜인 내용이어서 사용하기가 좋았습니다. 서울 시내에서 이곳저곳을 전도하러 다니던 중에 청계천 빈민촌에 마음이 갔습니다.

청계천 지역 마장동이 끝나는 곳에서부터 청계천 둑 가로 판잣집들이 다닥다닥 지어져 있어 가난에 찌든 사람들이 살아가고 있었습니다. 그들의 삶이 너무나 힘들어 보여 자꾸 마음이 그곳으로 쏠렸습니다. 그때부터 서울 시내 판자촌 지역들에 대하여 조사하기 시작하였습니다.

서울 시내의 판자촌 사정을 알아가게 되니 마음이 아팠습니다. 서울 시내 큰길가에서는 보이지 않는 곳에 판자촌들이 있었습니다. 그 수가 무려 2백만에 이르는 수였습니다. 특히 청계천 지역과 청계천에 이어 있는 마장동 판자촌의 사정이 가장 나빴습니다. 청계천과 마장동 일원에 무려 12만 세대가 판자촌을 이루고 있었습니다. 말하자면 그린벨트가 있듯이 판자촌 벨트를 이루고 있었습니다.

나는 틈나는 대로 판자촌 지역을 찾아다니며 전도하였습니다. 실은 말이 전도이지 내용인즉 제대로 하는 전도가 되지 못하였습니다. 전도에 경험이 없이 의욕만 앞섰던 나인지라 그냥 가가호호를 방문하여 전도지 〈박 군의 심정〉을 드리면서 "예수 믿읍시다" "교회 나갑시다" 하며 다녔습니다. 그러던 1971년 여름방학쯤에 한양대학 뒤편 송정동 판자촌 지역에 필이 꽂혔습니다.

처음 시작은 판자촌 주민인 김종길 씨를 만나는 데서 시작되었습니다. 김종길 씨는 가방끈은 짧았어도 영성이 깊고 적극적인 성격인 분이었습니다. 새집에 도배하는 직업을 가진 사람이었는데 그가 나를 한양대학 뒤편인 송정동 판자촌으로 안내하였습니다. 그곳에는 송정동 74번지 한 번지 안에 1,600세대가 살고 있었습니다. 내가 다녔던 판자촌 중에서도 가장 열악한 환경이었습니다.

김종길 집사의 안내로 그곳을 알게 된 나는 여전히 〈박 군의 심정〉 전도지를 들고 판잣집들을 한 집 한 집 방문하며 전도지를 돌리곤 하였습니다. 그런데 한 가정에 들어가 "여보세요" 하고 인사를 드렸더니 아무런 기척이 없기에 아무도 없나 하고 열린 방문으로 안을 들여다보던 나는 소스라치게 놀랐습니다.

22
한 알의 밀알이 되어

햇볕이 잘 들지 않는 방에 한 소년이 병들어 누워 있었습니다. 12세, 13세 정도 나이의 소년인 듯하였는데 몸은 젓가락처럼 여위었고 배는 만삭이 된 여인처럼 불러있었습니다. 나는 너무나 비참한 그 모습에 숨을 들이쉬며 방으로 들어가 아이 곁에 앉아 물었습니다.

"애야, 너 왜 이렇니?"

그러나 아이는 눈은 움직이고 숨결은 가쁘게 쉬고 있는데 대답이 없었습니다. 나는 그런 모습을 보고 그냥 돌아설 수 없어 누군가 가족이 오기를 기다렸습니다. 2시간 정도 책보다가 기도하다가 하며 기다렸더니 50대 정도로 보이는 부인이 들어왔습니다. 나를 보고 "누구신지요?" 하고 묻기에 일러 주었습니다.

"나는 이 마을에 전도하러 온 사람입니다. 이 집에 들렀다가 병들어 누워 있는 아이를 보고 발길을 돌릴 수 없어 누군가 가족이 오기를 기다리는 중입니다. 부인께서 이 아이의 어머니 되십니까?"

"그렇소이다. 지가 이 애 엄마입니다."

"이 애가 왜 이렇게 되었습니까?"

"글쎄 저 아이가요 다섯 살, 여섯 살 때부터 자주 감기를 하기에 그때마다 약국에 약도 사다 먹이곤 하였는데 나았다가 재발했다 하더니 지금엔 죽게 됐습니다."

"그러면 아이를 병원에 데리고 가서 진찰이라도 받았는지요?"

"병원이 다 뭡니까. 먹고 살기도 어려운데 그럴 여유가 있나요. 그냥 아스피린 사다 먹이고 땀 내게 하고 하며 지났는데 두어 달 전부터는 저렇게 배에서 고름이 나오면서 죽게 되었어요."

나는 그 가정의 어려운 사정을 듣고는 말했습니다.

"그래도 병원에 가서 진찰을 받아 보아야지요. 허락만 해 주시면 내가 내일 병원으로 데려가 진찰이라도 받아 보게 하겠습니다. 비용은 제가 마련할 테니 허락만 해 주십시오."

"그래만 해 주시면 감사하지만, 염치가 없어서…"

"염치라니요. 사람 살리는 일인데 그런 염치 따질 일이 아니지요. 그럼, 내일 아침에 제가 다시 와서 아이를 병원으로 데려가 진찰해 보도록 하겠습니다."

나는 곧바로 학교 기숙사로 돌아와 모금을 시작하였습니다. 방마다 다니며 다짜고짜 헌금에 참여하라 다그쳤습니다.

"신학도 여러분, 주머니 다 털어 내놓으세요. 죽어가는 아이 살리는 일입니다. 이럴 때 헌금 안 하는 사람은 역적입니다."

이렇게 방방이 돌며 모금하였더니 3만 원 정도가 모였습니다.

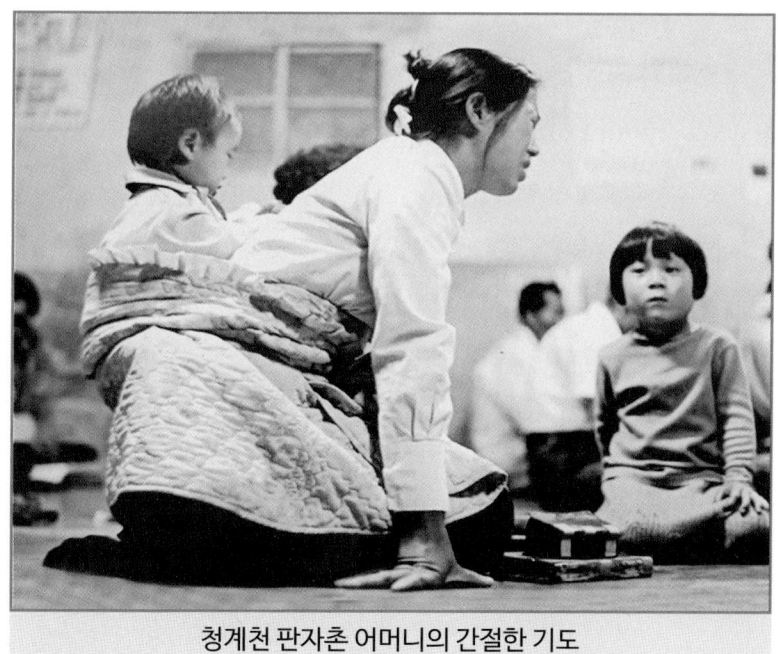

청계천 판자촌 어머니의 간절한 기도

23
한 알의 밀알이 되어

다음날 나는 학교 수업을 하루 빠지고 택시를 대절하여 그 아이 집으로 갔습니다. 택시에 태우고는 사직공원 옆에 있는 시립아동병원으로 갔습니다. 온갖 검사를 다 하더니 척추결핵이라 하였습니다. 의사 선생께서 척추를 찍은 사진을 보여 주는데 척추 3마디는 결핵균이 이미 먹어버렸고 2마디는 절반이나 먹어 들어가고 있었는데 거기에서 고름이 나와 배로 나오고 있었습니다. 의사 선생은 내가 아이의 가족인 줄 알았는지 세게 나무라는 말을 하였습니다.

"결핵이란 병은 약을 꾸준히 먹으면 낫는 병이고 정부에서 약은 무료로 주는 것인데 어찌 이 지경이 되도록 두었어요."

"예, 나는 이 아이의 가족은 아니구요. 전도하러 갔다가 만난 아이인데 치료하면 나을 수 있는 거지요?"

나의 물음에 의사가 일러 주었습니다.

"이 아이는 너무 심해서 약으로 치료될 단계는 지났구요. 대수술을 해서 상한 척추 다섯을 들어내고 인조 척추로 대체하여야 합니다."

그런데 그 수술비가 엄청났습니다. 그런 비용을 구할 길이 없겠기에 병원 측에 사정 조로 부탁했습니다.

"그럼, 수술 길이 열릴 때까지 약이라도 먹으며 기다리게 결핵약을 지어 주십시오."

나는 두 달 치 약과 주사액을 받아 와서 학형이 집에 도착하여 일러 주었습니다.

"학형아, 내 말 잘들어. 너도 의사 선생이 하는 말을 들었제? 약으로는 치료가 어렵고 큰 수술을 해야 한다 하셨으니 수술 길이 열릴 때까지 약이라도 먹으며 기도하자. 예수님께 열심히 기도하면 예수님이 너도 회복되도록 도와주실 거야. 너 기도할 줄 아니?"

학형이는 "기도를 안 해 보아서 할 줄 몰라요" 하기에 "너 글 읽을 수 있니?" 물었더니 읽을 수 있다기에 기도문을 적어 주었습니다.

"예수님, 나 낫고 싶어요. 나아서 다른 아이들처럼 씩씩하게 뛰어놀고 싶어요. 예수님 도와주세요. 예수님의 이름으로 기도드렸습니다. 아멘."

그런데 학형이는 착하고 꾸준하였습니다. 끼니때마다 식사 후에는 내가 적어 준 기도문을 들고 정성스레 기도드리기를 이어갔습니다.

그렇게 기도드리기를 계속하며 20일이 지나자, 배에서 나오던 고름이 멈추었습니다. 한 달이 되니 한결 나아지고 흐릿하던 눈에 생기가 돌기 시작하였습니다.

청계천 판자촌

24
한 알의 밀알이 되어

이렇게 맺어진 학형이와의 만남이 내 인생을 통째로 바꾸게 될 줄을 그때는 전혀 몰랐습니다. 그때가 1971년 여름이었습니다. 장로회신학대학 2학년 학생이던 때였고 내 나이 30세 때였습니다. 학형이는 두 달이 지난 후에는 반듯이 일어나기 시작하더니 걸음 걷기를 배우는 어린이처럼 한 발 두 발 떼기 시작하더니 날로 좋아져 갔습니다.

그 소문이 마을에 퍼지자, 마을 사람들이 나를 대하는 대도가 달라졌습니다. 신학교 수업을 마치고 학형이에게 가려고 청계천 판자촌 골목길을 걷노라면 마을 노인들이 말하는 소리가 들렸습니다.

"저 양반 ○○네 집 아들 곱추병 고친 양반이야. 우리 저 양반께 우리 동네에 예배당 세워 주라 하세. 우리 손주들 예배당 댕기면 좋은 걸 배우지 않겠냐."

한 젊은 여인은 내게 말했습니다.

"선생님, 예배당 언제 세워지나요. 예배당 서면 우리 부부는 다니기로 했구먼요."

이런 말을 여러 번 듣게 되니 마음에 사명감이 떠올랐습니다.

"아하! 학형이를 통하여 이 마을에 교회 세우는 것이 예수님의 뜻이로구나!"

이런 사명감이 마음에 떠오르자, 학형이네 집을 오가며 마을 사정을 찬찬히 살피기 시작하였습니다.

청계천이 지나가는 마장동 지나 한양대학 뒤편인 송정동 74번지에 1600세대 판잣집이 다닥다닥 이어져 있었습니다. 그 시절만 하여도 우리나라는 경제 사정이 바닥이었습니다. 판자촌에는 끼니를 잇지 못하여 굶는 가정들이 있었고 아직 의료 보험은 꿈도 꾸지 못하였던 시절이었던지라 병이 들어도 치료받지 못하고 죽어갔습니다. 나는 청계천 판자촌의 청계천 둑을 걸으며 생각하고 생각하였습니다.

"예수님께서 지금 서울을 방문하신다면 어디로 오실까? 명동을 거쳐 세종로로 가실까? 돌로 잘 지어진 대형 교회로 가실까? 선남선녀들이 사는 부자 동네로 가실까? 아닐 것이다. 예수님은 지금 내가 걷고 있는 청계천 둑길을 걸어 이 판자촌으로 오실 것이다. 내가 이곳에 교회를 세우고 이 마을 주민들과 열심히 살고 있으면 이곳에서 예수님을 만나게 될 것이다."

이런 생각이 자라 그 마을에 교회를 세우게 되었습니다.

청계천 활빈교회 종탑

두레마을 전경

내 삶을 이끌어 준

네 번째 말씀

가난한 자를 위한 예수

주 여호와의 영이 내게 내리셨으니 이는 여호와께서 내게 기름을 부으사
가난한 자에게 아름다운 소식을 전하게 하려 하심이라
나를 보내사 마음이 상한 자를 고치며 포로된 자에게 자유를,
갇힌 자에게 놓임을 선포하며 여호와의 은혜의 해와 우리 하나님의 보복의 날을
선포하여 모든 슬픈 자를 위로하되 무릇 시온에서 슬퍼하는 자에게 화관을 주어
그 재를 대신하며 기쁨의 기름으로 그 슬픔을 대신하며 찬송의 옷으로
그 근심을 대신하시고 그들이 의의 나무 곧 여호와께서 심으신 그 영광을
나타낼 자라 일컬음을 받게 하려 하심이라
그들은 오래 황폐하였던 곳을 다시 쌓을 것이며 옛부터 무너진 곳을
다시 일으킬 것이며 황폐한 성읍 곧 대대로 무너져 있던 것들을 중수할 것이며
(이사야 61장 1~4절)

25
가난한 자를 위한 예수

청계천 판자촌 송정동 74번지에는 1,600여 세대가 집단촌을 이루고 있었습니다. 서울시에서 가장 가난한 사람들이었습니다. 마을 주민들이 학형이가 곱추병(?)에서 나았다는 소문을 듣고 나에게 예배당 세워달라는 말을 몇 차례 듣고는 그 마을에 교회를 세우는 것이 나에게 주어진 사명이란 확신이 들었습니다.

어느 날 아침 묵상시간에 나는 이사야서 61장을 읽다가 큰 감명을 받았습니다. 이 말씀은 나에게 빈민선교에 헌신하라는 확실한 예수님의 명령이었습니다.

> "주 여호와의 영이 내게 내리셨으니 이는 여호와께서 내게 기름을 부으사 가난한 자에게 아름다운 소식을 전하게 하려 하심이라 나를 보내사 마음이 상한 자를 고치며 포로된 자에게 자유를, 갇힌 자에게 놓임을 선포하며 여호와의 은혜의 해와 우리 하나님의 보복의 날을 선포하여 모든 슬픈 자를 위로하되"(이사야 61:1~2)

그래서 신학교 과정을 마친 후에 시작할 것인가 아니면 지금 당장 시작할 것인가에 생각을 몰두하였습니다. 내가 다니는 장로회신학대학은 광장동 워커힐 곁에 있습니다. 저녁나절 워커힐 뒷산으로 올라가 묘지들 사이에 꿇어앉아 하나님께 간절히 기도드렸습니다.

"하나님, 청계천 빈민촌에 개척 교회를 세우고 빈민들과 함께 살아가며 섬기는 일을 하기를 원합니다. 지금 시작하여야겠습니까? 졸업 후에 시작하여야겠습니까?"

열흘 정도 기도드리는 중에 마음에 확신이 임하였습니다. 미루지 말고 지금 당장 시작하는 것이 옳다는 확신이 들었습니다. 교회를 개척해야겠다는 내 결심을 동급생들에게 말하였더니 모두 염려스러운 마음으로 충고하였습니다.

"김진홍 전도사, 생각은 좋은데 지혜롭게 하여야지 않겠는가?"
"아무런 준비도 없이 무작정 빈민촌으로 들어가서 나중에 오도 가도 못하는 낭패를 당하지 않을까?"

그렇게 염려해 주는 핵심이 경제적인 뒷받침이었습니다. 동급생들이 권하기를 빈민촌에 교회를 개척하려면 그렇게 맨주먹으로 의욕만 앞세워 시작할 것이 아니라 큰 교회의 지원을 받든지 아니면 사업을 크게 하는 장로님의 후원을 확보한 연후에 시작하는 것이 지혜롭지 않겠는가 하는 충고들이었습니다.

　나는 그런 염려가 일리 있는 듯하여 그 문제를 놓고 며칠간 산 기도를 드렸습니다. 기도드리던 며칠 째에 고향에서 지내던 어린 시절 생각이 떠올랐습니다. 청송 안덕 사부실 마을에 살던 어린 시절 우리 가정은 외갓집 아래채에 살았습니다. 외가댁은 대농이어서 머슴이 둘이나 되었습니다. 아침나절에 큰 머슴이 일터로 나가면서 외할머니께 신고하였습니다.

　할머니 택호가 〈시노댁〉이어서 머슴이 말하기를 "시노띠요, 난 오늘 과수원에 나갑니다" 하면 할머니는 고개만 끄덕이며 알았다는 시늉을 하였습니다. 조금 후에 작은 머슴이 나가면서 "시노띠요, 나는 오늘 못자리판으로 나갑니다" 하면 외할머니는 그냥 고개만 끄덕이며 아는 체를 하였습니다.

　그런데 할머니는 참 때면 숙모를 시켜 물과 참을 가져다주게 하고 점심때면 점심밥을 보내곤 하였습니다. 머슴들은 그냥 나가서 일만 하면 주인이 때를 따라 먹을 것, 마실 것을 보내 주었습니다. 기도 중에 그 생각이 나자, 나에게 확신이 임하였습니다.

26
가난한 자를 위한 예수

나는 청계천 빈민촌으로 들어가서 주민들과 함께 살면서 복음을 전함에, 재정을 뒷받침하여 줄 후원자를 확보하여 놓고 시작할 것인가 아니면 그냥 들어가서 온몸으로 부딪혀 나갈 것인가를 고민하며 기도하던 중에 어린 시절 고향 청송에서 외할머니께서 머슴들을 대하던 방법이 생각나서 무조건 맨몸으로 빈민 선교를 시작하기로 결론을 내렸습니다.

"그렇지. 나는 머슴이고 하나님은 주인이신거지. 머슴은 일터에 들어가 일만 열심히 하면 먹고 마시는 뒷바라지는 주인 되신 하나님께서 감당하여 주시는 거다. 머슴인 내가 먹고사는 것까지 염려하는 것은 주제넘은 머슴이야. 나는 무조건 일터로 들어가 열심히 일하면 되는 거다. 그렇게 하는 것이 머슴의 도리야."

이런 결론에 도달하게 되자 나는 신속하게 움직였습니다. 전세 들어 있던 집의 전셋값을 빼서 판자촌에 판잣집 한 채를 사들였습니다. 판잣집 안의 방들을 다 헐고 바닥에 가마니를 깔고는 예배 처소로 만들었습니다. 강대상으로는 사과 궤짝 둘을 겹쳐 놓고 그 위에 흰 베를 덮어 강대상으로 마련하였습니다.

교회 이름을 활빈교회活貧敎會라 지었습니다. 활빈교회란 이름은 홍길동전에서 따왔습니다. 활빈당의 대장인 홍길동이 가난한 백성들을 살리는 운동이라 하여 활빈당活貧黨이라 이름 지었습니다. 나는 생각하기를 홍길동의 방법이 아니라 예수 그리스도의 사랑의 방법으로 가난을 물리치는 교회가 되자는 뜻으로 활빈교회라 지었습니다.

청계천 빈민들은 가장 열악한 생존 조건에서 살고 있었습니다. 가난을 숙명으로 받아들이고 있는 주민들에게 예수의 복음으로 활력을 불어넣고 희망을 일으키며 생명을 불어넣는 교회가 되자는 의미에서 지어진 이름입니다.

1971년 10월 3일, 주일이자 개천절開天節인 날 오후 3시에 창립 예배를 드렸습니다. 창립 예배를 드리는 자리에 껌팔이, 단무지 장사, 손수레로 행상하는 장사, 그리고 넝마주이 청년들 50여 명이 모였습니다. 나는 창립 예배 설교의 성경 본문으로 이사야서 61장 1절에서 4절까지의 말씀을 읽고는 먼저 교회 창립 날을 개천절인 10월 3일에 드리는 이유를 설명하면서 설교를 시작하였습니다.

"단군 시조께서 10월 3일에 나라를 여시고 그날이 하늘이 열리는 날이란 뜻에서 개천절開天節이라 이름하였습니다. 오늘 시작되는 활빈교회는 청계천 빈민촌에서 가난에 눌려 살아가는 주민들에게 예수님의 사랑으로 하늘이 열려, 희망의 삶을 시작하자는 뜻을 살려 이날에 교회를 창립합니다."

그날 창립 예배 설교를 하며 활빈교회를 창립하는 창립 정신으로 5가지 선교 정신을 선포하였습니다. 그날에 선포한 선교 정신 5가지는 52년이 지난 지금에 이르기까지 활빈두레 선교운동의 기본 정신으로 이어 오고 있습니다.

청계천 활빈교회와 김진홍 목사

27
가난한 자를 위한 예수

활빈교회 창립 정신의 첫 번째는 '활빈교회는 가난한 자들 곧 빈민, 저임금 노동자, 영세 농민들에게 예수의 복음을 전한다'입니다.

바로 "가난한 자들을 위한 예수"입니다. 복음에는 차별이 없습니다. 부자들도 구원받아야 하고 지식인들도 하나님은 사랑하십니다. 로마서 3장에는 신분에 차별이 없는 복음에 대하여 다음 같이 일러 줍니다.

> "이제는 율법 외에 하나님의 한 의가 나타났으니 율법과 선지자들에게 증거를 받은 것이라 곧 예수 그리스도를 믿음으로 말미암아 모든 믿는 자에게 미치는 하나님의 의니 차별이 없느니라"(로마서 3장 21~22절)

이와같이 복음에는 차별이 없습니다만 성경은 유달리 가난한 자들에 관한 관심을 강조합니다. 구약성경에서도 이사야서 61장이 시작되면서 여호와의 영이 내게 임하였으니 이는 가난한 자들에게 아름다운 소식을 전하게 하려 임하셨다 하였습니다.

창립 정신의 두 번째는 '활빈교회는 교회가 속한 마을, 지역 사회를 섬기고 개발하고 발전시키는 교회가 되자' 입니다.

마을이 교회를 섬기는 것이 아닙니다. 교회가 마을을 섬기는 것입니다. 마을을 제대로 섬김에는 단계가 있습니다. 먼저 마을 안의 세대들 한 가정 한 가정을 방문하여 대화를 통하여 그 가정의 사정을 자세히 살핍니다. 그렇게 대화를 통하여 알게 된 가정의 문제들은 3가지입니다.

1. 그 가정이 스스로의 능력으로 해결할 수 있는 문제입니다.
2. 그 가정과 교회가 힘을 합하여 해결할 수 있는 문제입니다.
3. 그 가정의 힘으로는 어쩔 수 없는 문제이기에 교회가 해결하여 주어야 할 문제입니다.

이렇게 각 가정이 직면한 문제들을 구분하고서는 먼저 그 가정이 스스로 해결할 수 있는 문제부터 해결할 수 있도록 격려합니다. 다음은 그 가정의 노력과 교회가 힘을 합하여 해결할 수 있는 문제들을 힘을 합하여 해결하여 나갑니다. 끝으로 그 가정의 능력으로는 도저히 감당할 수 없는 문제이기에 교회가 앞장서서 해결합니다.

창립 정신의 세 번째는 '활빈교회는 사랑을 훈련 받고 실천하고 확대하는 교회가 되자' 입니다.

우리는 믿음으로 구원받습니다. 그러나 믿음을 실천하는 삶은 사랑으로 실천합니다. 그런데 문제는 사랑이 "사랑합시다"라는 구호만으로 이루어지는 것이 아니라는 것입니다. 실천하는 삶이 뒷받침되어야 합니다. 그리고 사랑을 실천하려면 사랑할 수 있는 사람으로 훈련되어야 합니다. 훈련받아 실천하고 그 사랑의 범위를 넓혀 나가야 합니다.

청계천 판자촌

28
가난한 자를 위한 예수

활빈교회 창립 정신의 네 번째는 '한국에 맞는 신학, 교회 구조, 선교 방식을 발전시킨다' 입니다.

복음은 우주적이고 세계적인 복음입니다. 복음에 국경이 있을 수 없습니다. 그러나 복음을 믿는 크리스천들에게는 섬겨야 할 조국이 있기 마련입니다. 활빈교회도 두레교회도 한국교회입니다. 비록 미국 선교사를 중심으로 하는 외국 선교사들의 헌신과 희생으로 세워진 교회이지만 그래도 한국교회는 한국인들을 위한 교회입니다.

그러기에 한국에 적합한 신학을 발전시켜 나가야 하고 한국에 맞는 교회 구조를 발전시켜야 합니다. 그리고 한국 풍토에 적합하고 한국인의 정서에 부합하는 선교 방법을 개발하여 나가야 합니다. 훗날 "땅과 사람을 살리는 공동체 운동"으로 두레마을 공동체를 설립한 것이 그런 뜻을 이어가려는 시도입니다.

창립 정신의 다섯 번째는 '사회정의社會正義를 실현하는 교회가 되자'입니다.

기독 신앙이 가지는 자랑스러운 전통이 있습니다. 예언자들의 전통입니다. 예언자들의 전통의 핵심은 사랑과 정의 두 가지입니다. 구약성경의 위대한 예언자 아모스는 정의로운 사회 건설에 대하여 다음 같이 말했습니다.

"오로지 정의를 물 같이, 공의를 개울물 같이 흐르게 하라"
(아모스 5장 24절)

그리스도의 교회는 어느 시대 어느 곳에 있던지 정의로운 사회, 정의로운 국가를 세워나감에 앞장서서 실천하여야 할 의무가 있습니다. 두레선교운동은 빈민촌에서 시작되었습니다. 빈민촌은 상처받고 좌절한 사람들이 사는 곳이었습니다. 그들에게는 사회에 대한, 심지어 교회에 대한 적개심이 마음 깊은 곳에 도사리고 있었습니다.

그런 마음을 치유하고 회복하기 위하여 우리가 발전시킨 선교 방법이 있습니다. 우리 스스로 이름 짓기를 DDT 작전에 TLC 요법이라 이름 지었습니다. DDT 작전이라 함은 'Door to Door Tackle Operation'에서 따온 용어입니다. 판잣집들은 구조가 일정합니다. 루핑 지붕에 허름한 문이 있습니다. 문을 열고 들어서면 부엌이 있고 방 한 칸이 있습니다. 그 한 칸 방에 다섯 여섯 식구가 살아갑니다. 그리고 TLC 요법이라함은 'Tender Loving Care Therapy'에서 따온 용어입니다. 문마다 두드리고 들어가 대화를 통하여 그 가정이 지닌 문제들을 찾아내어 부드러운 돌봄으로 치유에 이르게 하자는 뜻에서 지어진 용어입니다.

청계천 판자촌

29
가난한 자를 위한 예수

1971년 10월 3일, 주일이자 개천절인 날에 활빈교회活貧敎會 창립 예배를 드린 후 가장 먼저 한 일이 한 가정 한 가정 방문하여 대화를 나누는 일이었습니다. DDT 작전에 TLC 요법을 활용하여 각 가정을 방문하여 그 가정이 직면한 문제들을 찾아내는 것입니다. 대화를 통하여 각 가정이 지닌 문제들을 발굴하는 작업입니다. 만나서 "예수 믿으시오", "예배당 다닙시다"가 아닙니다.

"어쩌다가 이 빈민촌으로까지 흘러 들어오셨습니까?"
"집안에 아픈 사람은 없습니까? 끼니를 거르지는 않는지요?"
"아이들 학교는 다니겠지요?"

이런 질문으로 대화를 시작합니다. 처음엔 서먹서먹하여 입을 열지 않지만, 부드러운 말씨에 겸손한 몸가짐으로 접근하게 되면 신뢰가 쌓이면서 말이 오고가게 됩니다. 그렇게 대화를 통하여 알게 된 문제들을 하나씩 해결하여 나가면서 마음 문이 열리게 됩니다.

각 가정을 방문하면서 나는 입에서 탄식이 저절로 나왔습니다. 환자 없는 집이 없었고 끼니를 거르는 가정들이 있는가 하면 초등학교

나이의 자녀들을 학교에 보내지 아니하고 공장으로 보내 푼돈을 벌어 오게 하는 집들까지 있었습니다. 병든 분들 중에 가장 많은 병이 결핵과 피부병과 영양실조였습니다. 나는 결핵협회를 찾아가서 빈민촌의 사정을 이야기하고 대책이 없겠느냐고 말했습니다.

고맙게도 결핵협회에서 내 말을 좋게 받아들여 결핵 검진 버스 2대를 마을에 보내 전 주민 가슴 엑스레이를 찍는 기회를 마련해 주었습니다. 정해진 날에 마을 이편저편에 결핵 검진 버스 한 대씩 배치하고는 교인들을 동원하여 집집마다 돌며 결핵 검진하는 X-ray 찍으러 나오라고 권했습니다. 그런 과정을 거친 덕택에 지역 안의 결핵환자가 273명으로 판정되었습니다.

273명의 결핵 환자들 전체 카드를 만들어 교회당에 배치해 두고 간호사 한 분을 채용하여 매일 환자들을 방문하여 치료를 돕게 하였습니다. 결핵약과 주사액은 정부에서 무료로 지급하여 주기에 큰 도움이 되었습니다. 결핵은 결핵약을 먹고 스트렙토마이신 주사를 꾸준히 맞으면 좋아지게 됩니다. 그러나 1년 가까이 꾸준히 지속하여야 완치가 됩니다.

그런데 문제는 환자들이 성질이 급하여 상태가 좋아지면 다 나았다고 착각하여 약봉지를 쓰레기통에 던져 버리고 술 담배를 하고 건강관리를 소홀히 합니다. 그러면 증세가 재발하게 됩니다. 재발하게 되면 이전에 사용하던 약은 면역력이 생겨 효과가 없게 됩니다. 그러면 2차 약이라 하여 더 비싼 약을 먹어야 합니다. 문제는 정부에서 무료로 주는 약은 1차 약에 한하여 제공됩니다.

 2차 약은 본인이 구입하여야 합니다. 주사약의 경우 1차 약인 스트렙토마이신은 정부에서 무상으로 지급하여 주는데 주사 맞다 중단케 되면 2차 약이 주사인 가나마이신을 본인이 구입하여 맞아야 합니다. 그러나 본인들이 약값을 마련할 여유가 없기에 어쩔 수 없이 교회에서 지원하여야 합니다. 그러니 환자들이 약 먹기를 중단하게 되면 교회가 본인보다 더 안타깝습니다. 2차 약을 마련하느라 힘들기 때문입니다.

 나는 간호사와 함께 날마다 환자들 집을 돌며 약을 먹었는지 아닌지를 확인하러 다닙니다. 본인을 만나기 전에 먼저 그 집 쓰레기통을 살핍니다. 약봉지를 쓰레기통에 버리기 때문입니다. 마을에 강원도 탄광에서 일하다 석탄 가루를 많이 마셔서 폐결핵에 걸린 분이 있었습니다. 열심히 치료를 받았는데 어느 여름 기도원에 다녀오더니 성령 받았다면서 약 먹기를 거부하였습니다. 기도하면 결핵쯤은 그냥 사라진다는 것이었습니다. 조용기 목사님도 심한 결핵이었지만 기도로 나았다며 고집을 부렸습니다.

30
가난한 자를 위한 예수

나는 사정 조로 말했습니다.

"기도로 은혜로 낫는 것은 맞는 말인데 약도 먹으며 기도합시다."

나의 설득은 그의 완강한 고집 앞에 아무런 힘이 없었습니다. 그럼에도 그가 약을 먹으며 함께 기도하기를 거듭 설득하려 하였으나 나중에는 내가 가면 문을 닫아걸고는 들어서지도 못하게 하였습니다. 그래도 그를 살리고픈 일념에 결핵약을 지어 문틈으로 들여보내며 "제발 약을 먹으세요. 나아서 좋은 일 함께하며 살아갑시다"라고 사정 조로 말하였습니다.

그러나 그는 화를 내며 약봉지를 밖으로 내던지며 "사탄아 물러가라"라고 하고는 얼굴을 비치지도 않았습니다. 내가 할 일은 그를 위해 기도드리는 일밖에 없었습니다. 내가 그의 집에 들어갈 수 있게 된 것은 그가 피를 토하며 죽은 후에 장례 치르러 들어갈 때였습니다. 그는 예쁜 아내와 어린 아들을 남기고 저승으로 갔습니다. 신앙은 사람을 살리는 위대한 힘입니다. 그러나 그릇된 신앙은 살 사람도 죽게 하는 독이 되기도 합니다.

빈민촌 사람들은 한恨이 많은 사람입니다. 평생에 쌓이고 쌓인 한을 풀어야 제구실을 하고 살아갈 수 있습니다. 제대로 풀지 못하면 속으로 병이 되어 자신을 괴롭힙니다. 그래서 빈민촌에는 무당이 많습니다. 골목마다 무당집을 나타내는 깃발을 세워 놓은 집들이 있습니다. 큰 굿판이 한번 열리면 며칠씩이나 북을 울리며 한풀이 굿을 합니다.

한번은 교회당과 나의 숙소가 있는 집 아랫집에서 큰 굿판이 벌어졌습니다. 밤늦도록 북을 치고 방울을 울리며 요란하기에 나는 잠을 이루지 못한 채로 뒤척이다 옷을 주워 입고는 나가 굿판이 벌어지고 있는 집으로 갔습니다. 마을 아낙네들이 모인 자리 가운데 50대나 되어 보이는 무당이 알록달록한 옷을 입고 고깔모자를 쓴 채로 손에 든 대나무를 흔들며 무어라고 살을 풀고 있었습니다.

기독교 가정에서 자라 굿판에는 어색한 나는 아낙네들 뒷줄에 서서 구경하고 있었습니다. 손안에 든 대나무를 흔들며 무어라 무어라 하더니 시퍼렇게 날이 선 작두 위에 맨발로 올라섰다 내렸다 수차례 되풀이하는 모습을 하는 것을 보고 나는 놀랐습니다. 작두 위에서 발이 금방 피 탈이 날 것 같은데 그냥 오르내리는 모습을 보고는 "히야, 도道가 깊은 무당인 게로구나" 하며 감탄하였습니다.

그런데 그렇게 열심히 대나무를 흔들며 작두를 오르내리던 무당이 갑자기 동작을 멈추었습니다. 팔에 힘을 주며 대나무를 흔들려고 애쓰는 듯하였는데 제대로 되지 않았습니다. 그렇게 애쓰는 모습을 보던 마을 아낙네들이 말했습니다.

"신이 안 내리네. 판돈이 적어 그런 기여. 판돈을 듬뿍 놓아야제."

굿풀이 하는 주인아줌마가 상 위에 얼마를 현금으로 놓았습니다. 그래도 무당은 손에 든 대나무를 흔들지 못하고 애쓰는 모습이었습니다. 그러자 아낙네들이 "판돈이 적은 기여. 듬뿍 놓아." 하기에 나는 속으로 생각하기를, "야 귀신도 돈을 밝히네" 하며 보고 있었습니다. 그때 무당이 동작을 멈추고 주위를 돌아보며 말했습니다.

31
가난한 자를 위한 예수

"여러분 중에 예수 믿는 사람 있습니까?"

마을 아낙네들이 나를 돌아보며 일러 주었습니다.

"여기 예배당 선생님 계시네요."

무당이 나를 보며 정중한 태도로 말했습니다.

"선생님, 죄송하지만 좀 비켜 주시겠습니까? 선생님이 여기 계시니까 신이 내리지 않네요."

나는 그 말을 듣고 기분이 좋았습니다.

"히야 귀신이 날 알아주는구나!!!"

그런 기분이 들기에 나는 웃음을 띠며 그 자리에서 조용히 물러나 주었습니다.

그런데 그 무당의 다음 행동이 나를 감동시켰습니다. 두 달여 지난 어느 주일 예배에 모르는 분이 가족들을 모두 데리고 주일 예배에 출석하였습니다. 모두 새옷을 입고 앞자리에 앉아 예배드리는 6명의 가족이 신기하여 광고 시간에 내가 물었습니다.

"어쩐 일로 전도 받지도 않았는데 가족 전체가 제 발로 교회로 나오시게 되었는지요?"

호주 되는 분이 그 무당 이야기를 일러 주었습니다. 가정에 우환이 잦고 손재수損財數가 빈번하고 어쩐지 뒤숭숭하기에 그 무당을 모시고 3일 굿을 열었는데 무당께서 3일 굿을 다 마친 후에 마지막에 이르기를 "이 집이 집안 절단 날 운세인즉 그 재난을 피하려면 저기 보이는 저 교회로 나가야 한다"라고 일러 주며 우리 활빈교회를 가리켰다는 것입니다.

그래서 그 말을 듣고 집안 절단나지 않으려고 토요일에 온 집안이 목욕재계하고 주일에 새옷을 입고 교회로 나왔노라 하였습니다. 나는 그 말을 듣고 신기한 느낌이 들었습니다.

"아니 우리 교회가 무당 전도사를 둔 게 아닌가! 어떻게 무당이 교인을 교회로 보내 주는가!"

나는 신기하기도 하고 고맙기도 하여 그 무당을 찾아가 고맙다는 인사라도 드려야겠다고 생각했습니다. 그러나 바쁜 나날이어서 찾아가는 날짜를 미루고 있었는데 어느 날 골목에서 그 무당을 만나게 되었습니다. 나는 걸음을 멈추고 얌전히 고맙다는 인사를 했습니다.

청계천 판자촌

32
가난한 자를 위한 예수

"그렇지 않아도 찾아뵙고 고맙다는 인사를 드리려 하였는데 차일피일하다 늦어졌습니다. 지난번 교인 한 가정을 보내 주셔서 대단히 감사합니다."

"별말씀을요. 같은 업자끼리 서로 협력해야지요. 마음 쓰지 마셔요."

무당이 나와 자기가 같은 업자業者라 하여 웃음이 나왔습니다. 자기는 사명대사 신 섬기고 나는 예수 신 섬기는 처지니 같은 업자라는 뜻인 것 같았습니다. 같은 업자이니 나는 굿판에서 비켜 주고 자기는 단골 고객을 교회로 보내 주고 서로 협조하고 살자는 것이었습니다. 그런데 무슨 말을 할듯할듯 하기에 귀를 기울였더니, 그다음 말에 내가 은혜 받았습니다.

"저도 지금은 이러고 있습니다만 언젠가는 예수 신 앞으로 나가야지요. 저도 예수 신이 참 신인 줄 알고는 있습니다."

나는 그 말에 감동하여 업어 주고 싶은 심정이었습니다.
청계천 빈민촌에 교회를 세우게 될 때에 약간의 예산을 가지고 들어갔습니다. '이 정도 금액이면 1, 2년은 버티겠지' 하는 마음이었습니다. 그러나 가정 가정 방문하며 만나게 된 환자들을 병원으로 모시고 가서 치료받게 하고 약 사다 드리고 굶는 집에는 22kg짜리 밀가루 한 포를 사다 드려 굶주림을 면하게 해 드렸습니다.

그러기를 몇 달간 계속하고 나니 7, 8개월이 지나 예산이 동이 나게 되었습니다. 어쩔 수 없이 내가 굶게 되었습니다. 3일을 물만 마시며 굶은 후에 주일이 와서 예배드린다고 강대상 앞에 섰으니, 교인들의 얼굴이 밥그릇처럼 보이고 아이들의 얼굴은 반찬 그릇처럼 보이는 정도였습니다. 예배 인도를 마칠 즈음에는 기운이 진하여 그 자리에 주저앉고픈 마음뿐이었습니다.

이에 생각하기를 '설교도, 주민 봉사도 굶고는 못 하겠구나! 내가 주민 살리겠다고 빈민촌으로 들어와서 나 자신이 굶게 되었으니 이 위기를 어떻게 이겨 나가야 할까'를 곰곰이 생각게 되었습니다. 그래서 생각난 것이 넝마주이입니다. 마침 교인 청년 중에 넝마주이로 살아가고 있는 청년들이 있어 그들에게 물었습니다.

"어이 젊은이들, 나도 자네들과 같이 넝마주이로 나서고 싶은데 어떻게 하면 쓰겠나. 자네들이 나를 좀 도와주면 좋겠는데" 하고 어렵사리 입을 떼었더니 그들은 눈이 휘둥그레지며 말했습니다.

"아니 전도사님, 넝마주이를 아무나 한답니까. 우리 같은 무지랭이들이나 하는 것이지 전도사傳道師님 같은 먹물지식인이 하는 일은 아니구먼요."

이렇게 완강히 나오기에 나는 내가 넝마주이를 하고자 하는 이유를 차근차근 일러 주었습니다. 내 말에 수긍하게 되자 넝마주이가 되는데 필요한 사항들을 일러 주었습니다.

1. 첫째는 망태 하나부터 사야 합니다. 값이 900원입니다.
2. 둘째, 집게가 필요합니다. 값이 40원입니다.
3. 셋째, 중고품 니야까손수레가 있어야 합니다. 3만 원 정도면 중고품으로 구할 수 있습니다.
4. 쓰레기 더미에서 신고 일할 수 있는 군화 같은 신발이 필요합니다.

이런 식으로 일러 주기에 하나하나 준비하여 나도 넝마주이 패거리의 한 사람으로 끼어들 수 있었습니다. 새벽기도를 마치고 망태 메고 집게 들고 나서서 우리들의 나와바리구역인 뚝섬 쪽으로 갑니다.

33
가난한 자를 위한 예수

우리들의 나와바리구역는 뚝섬에서부터 광장동 워커힐까지였습니다. 뚝섬 지역에는 공장들이 많아 공장에서 버린 쓰레기에는 쇠붙이, 비닐, 종이들이 많았습니다. 종이에도 종류가 있습니다. 가장 값나가는 종이는 누렁이라 해서 노란색의 세멘 포대, 밀가루 포대 등이고 신문지나 책들이 다음입니다. 그러나 광고지는 코팅이 돼 있어서 쓸모없는 종이입니다.

뚝섬에 이어 화양동 지역에는 수도여사대, 건국대학이 있어 학교에서 버리는 폐지들이 많아 우리에게는 수지맞는 자리였고 광장동에는 장로회신학대학과 고급 아파트들이 있어 쓰레기통에서 건질 것이 적지 않았습니다. 나는 지금까지 그 시절 넝마주이로 내 몸과 마음을 단련시킨 일에 대하여 감사히 생각합니다. 넝마주이 근성根性. 곤조을 한번 체득하고 나면 매사에 자신감이 생깁니다.

"넘어져도 쓰레기통 옆에만 넘어져라. 넘어진 김에 쉬고서 다시 일어선다는 자신감입니다."

어느 나라 어느 사회에도 쓰레기통 없는 나라는 없습니다. 그 쓰레기통을 뒤지면 인생살이 다시 시작할 수 있게 됩니다. 그래서 실패해도, 무너졌어도 다시 재기할 수 있다는 투지와 자신감이 생깁니다.

그 시절 넝마주이 기질이 몸에 배어 지금도 어느 나라에 가도 쓰레기통을 먼저 보게 됩니다. 내가 가 본 나라 중에서 쓰레기통이 가장 엉망인 나라는 두 나라입니다. 미국과 한국입니다. 쓰레기통이 가장 깨끗한 나라는 세 나라입니다. 일본과 독일과 스위스입니다. 쓰레기통에서 아예 건질 것이 없는 나라가 있습니다. 북한입니다.

넝마주이를 시작한 이후 나는 그 동네에서 자연스레 지도력을 발휘케 되었습니다. 넝마주이 사회에서는 대장을 왕초 혹은 오야붕이라 부릅니다. 내가 그 동리에서 리더십을 발휘케 된 비결은 단순합니다. 대원들에게 자꾸 베풀기 때문입니다. 그리고 쓰레기통을 뒤지며 각자의 사정을 자세히 듣고는 적절하게 위로해 주고 충고해 주고 그들의 아쉬움을 채워 주기 때문이었습니다. 그래서 자연히 왕초가 된 나는 매일 수입의 십분의 일을 거두며 일러 주었습니다.

"교회에는 십일조란 이름의 헌금이 있다. 우리도 각자 날마다 수입에서 십일조를 모은다. 이 돈을 내가 쓰는 것이 아니고 교회에 바치는 것도 아니다. 우리 전체의 기금으로 삼아 대원 중에 병이 들면 치료비로 쓰고 자식이 학교에 가면 등록금으로 사용한다. 특히 대원들의 가족 중에 병이 들면 이 기금에서 치료비를 지출한다. 알겠는가?

알아듣고 동의한다면 박수로 정하자."

내 말에 대원들이 설득되어 뜨거운 박수로 응답하였습니다. 때마침 대원 중의 한 명의 아내가 임신 중독이 되어 몸이 붓고, 다리가 퉁퉁 부어 걷기조차 불편해한다는 말을 듣고 나는 그녀를 택시에 태워 동대문에 있는 이화여대 부속병원으로 데려갔습니다. 진찰을 마친 후에 의사께서 임신 중독이라 일러 주었습니다.

나는 염려되어 물었습니다.

"치료가 되는 병이지요? 꼭 부탁합니다. 반드시 나아야 할 사람입니다."

의사가 "늦게 병원에 와서 어렵게 되긴 하였지만 최선을 다할 테니 염려 마세요." 하고 일러 주기에 모아 놓은 기금으로 입원시켰습니다.

34
가난한 자를 위한 예수

입원하여 있던 임신 중독자 부인이 완치되어 퇴원하자 대원들 사기가 두드러지게 올랐습니다. 살아오면서 그런 대접을 받아 본 적이 없는 사람들이었기에 죽을 것 같던 대원 아내가 살아 돌아오니 조직에 대한 충성심이 일어나고 왕초인 나에 대한 고마운 마음이 생겨 그것이 지도력으로 나타났습니다. 나는 날마다 새벽기도회를 마치면 망태를 메고 집게를 들고 뚝섬에 있는 넝마주이 터로 나갔습니다.

하루의 작업을 시작할 때 먼저 둥그렇게 서서 손을 잡고 구호를 외칩니다.

"우리는 바닥에 살아도 꼭대기를 바라본다!"

이렇게 함께 구호를 외친 후에 내가 짧은 연설을 합니다.

"우리가 비록 쓰레기통을 뒤지고 살아가는 사람들이지만 우리가 쓰레기는 아니다. 우리는 버려진 쓰레기통을 뒤져 사용할 수 있는 자원을 건져 내는 애국자들이다. 그러니 서울시의 밑바닥에서 쓰레기통을 뒤지는 오늘도 우리의 이상은 '좋은 사회, 좋은 나라 만들어 가는 애국 사업'이란 자부심을 가지고 일하자. 알겠냐?"

"알겠습니다!"

이렇게 복창하고 하루 일을 시작합니다.

　새벽부터 쓰레기통을 열심히 뒤지며 일하여 저녁나절에 분류하여 저울에 달아 그 무게를 달아 하루 수입이 정해집니다. 나는 하루에 22kg 들이 밀가루 2포를 살 정도를 벌게 됩니다. 그러면 한 포는 내가 먹고 교회 일에 사용하고 한 포는 매일 식량 떨어진 가정에 가져다줍니다. 주로 밤 11시가 지나 가져다줍니다.
　낮이나 초저녁에 가져다주면 주위 가정들이 왜 그 집만 챙기느냐고 시샘하게 될 것 같아서입니다. 밤늦은 시간에 아이들과 굶고 있는 가정에 교회에서 밀가루 한 포를 가져가면 아이들은 기뻐서 깡충깡충 뛰고 어머니는 감격하여 눈물을 닦습니다. 그런 모습을 보노라면 하루의 피로가 싹 가시고 보람을 느끼게 됩니다. 그날 밤 잠자리에 들 때는 하늘을 우러러 감사기도 드리며 잠을 청하게 됩니다.

"하나님 감사합니다. 오늘도 좋은 일 할 수 있게 도와주셔서 감사합니다. 이 밤에 천국으로 가도 만족합니다. 내일도 좋은 일 할 수 있는 하루가 되게 하여 주시옵소서."

35
가난한 자를 위한 예수

하루는 해군 소위 한 분이 찾아왔습니다. 자신을 서경석이라 소개하고 서울대학교 공과대학을 졸업하고 해군 장교로 근무 중이라면서 소위 월급 한 달 치를 통째로 헌금하였습니다. 그 시절엔 나 혼자 고립무원한 상태로 넝마주이로 하루하루를 견뎌 나가던 시절이어서 서경석 소위의 그런 마음이 큰 위로가 되었습니다.

그는 한국교회 사상 전설적인 첫 교회였던 황해도 소래교회 松川敎會를 세운 분의 직계 손자로 기독교로 말하자면 명문 가정의 자녀였습니다. 그는 달마다 한 차례 와서 하룻밤을 자며 교회 일과 나랏일에 대하여 밤늦도록 이야기를 나누곤 하였습니다. 그의 소개로 젊은이들이 와서 돕게 되었습니다. 주로 새문안교회와 서울대학, 이화여대 학생들이었습니다. 그 시절 일이 고마워 나와 그는 평생 동지로 지나고 있습니다.

하루는 키가 자그마하고 야무지게 생긴 대학 퇴학생이 방문하였습니다. 제정구라 이름을 소개하고 서울대학교 정치학과를 다니다 반정부 시위 주동으로 퇴학 당하여 할 일 없이 지낸다고 하였습니다. 그는 첫 번 대면한 자리에서 기독교는 제국주의의 앞잡이로 조국 통일에 저해 요소라 기염을 토했습니다. 나는 그의 반기독교적인 발언을 수긍하면서 일러 주었습니다.

"기독교 역사에 그런 행적이 있지만 지식인이라면 예수께서 가르친 기독교의 본질과 서구 기독교의 일탈한 모습과는 구별할 수는 있어야 하지 않겠느냐. 서구 기독교의 일그러진 모습과 기독교의 본질은 구별되어야 한다. 지금 한국에 필요한 것은 제국주의 앞잡이 노릇한 기독교가 아니라 민초民草의 한恨을 가슴 아파하시며 구원하시려고 십자가를 지신 예수에 대한 바른 이해와 실천이 아니겠느냐."

내가 그의 말에 반발하지 아니하고 받아들이면서 열정적으로 내 생각을 말해 주었습니다. 그가 말했습니다.

"다른 예수쟁이들하고는 다르네요."

그와 대화가 깊어져 가면서 자기를 받아 주면 이런 마을에서 함께 살면서 기독교도 배우고 빈민들을 돕는 일도 참여하고 싶다기에 그에게 방 한 칸을 내어 주고 함께 살게 되었습니다. 우선 넝마주이 팀에 총무로 세우고 곧이어 시작된 야학夜學인 배달학당Bethel School의 교감직을 맡게 하였습니다. 그는 야학에서 봉사할 청년들을 많이 데려왔습니다. 후에 정치가가 된 이해찬은 사회 과목을 맡아 가르쳤고 경기도 지사를 지낸 손학규는 교무 일을 맡았습니다.

36
가난한 자를 위한 예수

내가 만나 함께 일하여 본 인재 중에 서울대학교 의과대학생이었던 김상현 군이 가장 크리스천다운 일꾼인 듯싶습니다. 몸 전체가 봉사 정신으로 무장된 사람이었습니다. 그는 빈민촌의 환자들을 마치 친형제처럼 돌보는 뜨거운 가슴이 있는 젊은이였습니다. 그는 의과대학생들과 간호대학생들과 약대생들을 모아 "송정 의료 봉사단"을 조직하여 빈민촌 주민들에게 의료 봉사를 매주 실천하였습니다. 신기하게도 그의 진료를 받고 병 낫는 사람들이 날로 많아지게 되니 주민들이 그를 칭찬하여 신의神醫라 칭송하는 정도였습니다.

우리는 농담을 섞어 표현하기를 김상현 군은 분명히 돌팔이 의사인데 배 아픈데 아까징끼를 발라도 낫고, 머리 아픈데 소화제를 먹여도 환자가 낫게 되니 참으로 신기한 일이라고 하며 함께 웃곤 하였습니다.

그때 활약하였던 "송정 의료 봉사단"에서 봉사 활동하였던 고마운 분들을 동두천 두레마을에 모두 초청하여 산돼지 바베큐 잔치로 대접할 생각입니다. 김상현 군은 의료 봉사로 도와주고 제정구 군은 야학과 넝마주이 총무로 밤낮없이 봉사하였는데 제정구 군은 정직하고 부지런한데다 리더십이 탁월하여 장차 대통령감이라 여겨져 넝마주이 통을 맨 채로 뚝섬 지역을 함께 돌며 찐한 이야기를 나누며 지냈습니다.

그런데 그가 어느 날 나에게 심각하고 진지한 얼굴로 세례 받겠다기에 나는 내심 놀라면서 "아니 제국주의 앞잡이 될려 그러느냐?"고 웃으며 물었더니 기독교 복음의 진수를 깨닫게 되었다면서 형님께 세례 받겠다기에 온 교인이 축복하는 가운데 세례식을 베풀었습니다. 세례 받은 후에 막걸리 대포 한 잔을 나누면서 그가 내게 "어쩜 예수 믿으란 소릴 한 번도 안 할 수 있느냐"고 투정조로 묻기에 일러 주었습니다.

"자네가 예수 믿으란다고 믿을 사람인가? 자네 마음속에 복음이 저절로 자리 잡게 되기를 기도하며 기다린 거제."

그런데 제정구 군에게 치명적인 약점이 한 가지 있었습니다. 담배였습니다. 식사만 마치면 즉시 밖으로 나가 담배를 피우고 들어오고 하기에 담배를 제발 끊으라 권하였습니다. 그러나 그는 자기는 중학교 2학년 때부터 담배를 피웠으니, 담배만큼은 이해해 달라 하면서 "식후 불연不燃이면 3초 안에 심장사心臟死"라 하며 담배 피우기를 정리하지 못하였습니다.

그로 인하여 그는 폐암으로 한창 일 할 나이에 숨을 거두었습니다. 그것도 국회에 들어가 3선 의원으로 장래가 촉망되던 나이에 이승을 떠나 저승으로 갔습니다. 지금은 하나님의 품에서 안식하고 있을 것입니다. 그가 임종하는 자리에서 남양만에서 농사일하고 있는 시간에 연락이 왔습니다. 제정구 의원이 숨을 거두기 전에 김진홍 목사를 보고 싶다 한다는 연락이 왔기에 하던 일을 멈추고 부랴부랴 갔습니다.

임종하는 자리에 갔더니 내 설교 테이프를 틀어 놓고 들으며 가쁜 숨을 몰아쉬고 있었습니다.
나를 보자 밝은 얼굴로 한마디 마지막 말을 남겼습니다.

"형님, 좋은 세상 만들고 싶었는데…"

37
가난한 자를 위한 예수

제정구 군은 나에게 세례 받고 기독교에 입문하였으나 내가 감옥 간 후 그에게도 수배령이 내려 서강대학교의 예수회 신부님 집에 몸을 숨기고 있다가 아마 예수회 신부님의 권면으로 가톨릭으로 옮겼습니다. 그러나 임종하는 자리에서는 신부님을 부르지 아니하고 나를 불러 임종하는 자리를 지키게 하였습니다. 살아 있었으면 대통령까지 올라갈 수 있는 인재人材였는데 지금까지 아쉬움이 깊습니다.

청계천 빈민촌 사역 시절을 생각하면 잊을 수 없는 일본인 한 분이 있습니다. 노무라 모토유키野村基之 목사입니다. 어느 날 일본인 한 분이 청계천 빈민촌을 찾아왔습니다. 나에게 명함을 주며 일본인 목사 노무라라고 소개하였습니다. 한국교회연합회, NCC를 찾아가 서울에서 가난한 사람들이 사는 지역을 소개하여 달랬더니 청계천 빈민촌의 김진홍을 찾아가라 일러 주었다는 것입니다.

그는 순수한 크리스천이었고 국경을 초월하여 가난한 사람들에 대한 관심이 지극한 분이었습니다. 특히 미국에 유학을 다녀와 영어 구사에 능통하였습니다. 나와 대화할 때는 나의 서투른 영어로 의사소통하였습니다. 특히 그는 사진 찍는데 도가 튼 분이어서 지금도 우리가 가진 청계천 시절의 사진들은 모두 그가 남긴 작품들입니다.

그렇게 길이 터진 후로 노무라 목사는 청계천 빈민촌 돕기에 지극 정성을 다했습니다. 일 년에도 두어 차례씩 방한하여 일본에서 배달학당 학생들이 사용할 학용품, 마을 유치원 아이들의 장난감 등등 온갖 선물을 가져와 선물 보따리를 풀었기에 항상 주민들의 대환영을 받았습니다. 내가 마을 안의 의지할 곳 없는 환자들을 방문할 때 그와 함께 가서 환자의 손을 잡고 기도드리곤 하였습니다. 그가 기도드릴 때면 하염없이 눈물을 쏟으며 기도드렸기에 내가 감동했습니다.

후에 나의 청계천 수기인 〈새벽을 깨우리로다〉가 한국보다 일본에서 먼저 출간되었습니다. 노무라 목사의 도움이었습니다. 〈새벽을 깨우리로다〉는 제목의 책이 나오게 된 내력을 쓰겠습니다. 그리고 그 책이 나오기까지 노무라 목사의 도움도 쓰고 싶습니다.

빈민촌에는 환자가 유달리 많습니다. 거의 집집마다 환자 없는 집이 없다 할 정도였습니다. 그런 환자들을 데리고 병원으로 가 치료받고 점심 사 먹이고 하느라 어쩔 수 없이 빚이 쌓였습니다. 빚에 쪼들려 골치를 썩이고 있는데 CBS 기독교 방송국에서 일천만 원 상금을 걸고 신앙 수기 모집하는 광고가 신문에 실렸습니다. 난 눈이 번쩍 열려 〈이 상금은 내꺼다. 이 상금 받아 빚을 갚아야지〉하는 자신감이 생겼습니다.

그날로 나는 평소에 써 두었던 일기장을 들고 한 여관을 찾아갔습니다. 월요일에서 토요일까지 머물며 800장 원고를 썼습니다. 책 제목을 정하기를 시편 57편 8절의 말씀을 따라 〈새벽을 깨우리로다〉로 정하고 기독교 방송국으로 발송하였습니다. 그러고는 일천만원 상금을 사용할 목록까지 만들어 두었습니다.

그런데 정작 발표하는 날에 당선자 명단에 내 이름이 없었습니다. 온몸에서 기운이 빠진 나는 일천만 원 받아 사용하려고 기록하여 두었던 종이를 꾸겨서 쓰레기통에 버리고는 실망한 맘을 추스르려 한숨 푹 자고 일어나 다시 일을 시작하였습니다.

청계천 판자촌과 활빈교회

내 삶을 이끌어 준

다섯 번째 말씀

불 던지러 오신 예수

내가 불을 땅에 던지러 왔노니
이 불이 이미 붙었으면 내가 무엇을 원하리요
(누가복음 12장 49절)

38
불 던지러 오신 예수

그 후 세월이 지나 1973년이 되니 나라 사정이 날로 어지러워졌습니다. 72년 가을에는 박정희 정권이 유신헌법을 발표하고 드디어 74년 1월 8일에는 그 헌법에 반대하는 시위를 하거나 반대 집회를 하는 자는 최고 사형 선고까지 하겠다는 긴급조치 1호가 공포되었습니다. 난 빈민 선교에 학생으로 수업에 참여하느라 밖의 일에 신경을 쓸 여유가 없었지만, 유신헌법의 발표를 듣고는 생각했습니다.

"이건 아니지. 박 대통령이 안보를 열심히 하는 것도 좋고 경제를 발전시키기 위하여 애쓰는 것도 좋지만 유신헌법을 제정하고 반대하는 사람들을 처벌하겠다는 것은 아니지."

유신헌법 발표에도 시민들과 학생들이 여전히 반대하는 시위가 이어지니 1974년 1월 8일에 긴급조치 1호가 선포되었습니다. 유신헌법에 반대하는 발표를 하거나 시위하는 자들은 사형에까지 처벌하겠다는 내용이었습니다. 나는 "이건 너무하다. 민주주의는 반대할 권리도 있어야지 반대한다고 사형까지 운운하는 것은 말이 안 된다"라는 생각이 들었습니다.

그런 생각을 하는 터에 성남에서 일하는 이해학 목사가 찾아와 둘이 유신헌법과 긴급조치에 대해 토론하였습니다.

"이럴 때는 우리 같은 성직자들이 나서야 한다. 사형까지 하겠다는데 학생들이나 시민들이 나설 수 있겠는가. 우리들 성직자들은 어차피 옳은 일에 생명까지 걸겠다고 나선 사람들이니 우리가 나서자."

이해학 목사와 나는 동지들을 모으기로 의기투합하여 유신헌법 폐지, 긴급조치를 반대하는 종교인들 33명을 모아 유신헌법을 폐지하고 긴급조치에 반대하는 시위를 벌이자고 결의하였습니다. 그래서 둘이 역할을 나누어 기독교 목회자들, 가톨릭 신부님들, 불교의 스님들을 접촉하여 33명의 성직자들을 모아 시위를 일으키기로 하였습니다.

다음 날부터 둘이 열심히 다녔으나 신부님들도, 스님들도 뜻에는 공감하지만 나서지는 않겠다는 반응이었습니다. 하는 수 없이 개신교 목회자들만으로라도 행동하자 하여 13명을 모으게 되었습니다. 행동하는 날로 1974년 1월 17일 오후 3시로 정하였습니다. 1월 8일에 긴급조치 제1호가 발표된 지 9일 후였습니다.

우리는 흰 천에 붉은 글씨로 다음 같이 써서 내걸고 종로 5가 기독교회관 앞에서 시위에 들어갔습니다.

"유신헌법 철폐하라!"

"자유 민주주의 회복하라!"
"군사 정부 물러가라!"

지나가던 시민들이 박수를 보내기도 하고 격려하는 말까지 하는 사람들이 있었습니다. 이에 우리는 의기양양하여 구호를 외치고 등사하여 간 성명서를 뿌리기를 반시간 쯤 지나자 험한 인상의 남자들이 들이닥치더니 우리 일행을 멱살잡이하여 끌어갔습니다.

우리 일행이 끌려간 곳은 남산 중턱에 있는 중앙정보부 건물이었습니다. 지하실의 천장이 낮은 방에 한 방에 한 명씩 들어가게 하였습니다. 평생에 처음 당하는 일이어서 낮은 침대에 누워 있다가 어깨를 한 켠으로 모로 누웠더니 천정에서 섬찟한 소리가 들렸습니다.

"김진홍 바로 누워"

어디서 들리는지도 모르게 저음으로 들리니까 가슴이 섬뜩하였습니다. 다음 날부터 조사가 시작되었는데 2달간이나 조사가 이어졌습니다. 그 2달간 힘이 들어 기도가 오로지 한 가지였습니다.

"하나님, 저 천국으로 데려가 주십시오. 힘들어 더 견디기 어렵습니다. 간절히 기도드립니다."

39
불 던지러 오신 예수

　내가 수감된 방은 서대문 구치소의 0.7평인 작은 방이었습니다. 방이 좁아 보건 체조를 할 수 없는 공간이었습니다. 밤 9시경에 "73번 나와" 하는 소리와 함께 철문이 열리면 나가서 포승줄에 묶인 채로 검은 승용차에 실려 사직터널을 지나고 시청 앞을 지나 남산 중턱에 있는 취조실로 끌려갔습니다. 나는 시청 앞을 지날 때면 시청 앞 프라자호텔이 골조 공사가 진행 중인 모습을 보며 언제 바깥으로 나가 자유로운 나날을 보낼 날이 올까를 생각하곤 하였습니다.

　밤새 잠을 자지 못하고 취조받고 새벽녘에 방으로 돌아올 때면 졸면서 걷습니다. 그 해엔 눈이 많이 와서 졸면서 걷는 걸음이라 눈을 푹푹 밟고 걷다 보면 고무신 속으로 눈이 들어와 양말이 젖습니다. 방에 들어와 양말을 벗고 물기를 말리고 자야 하는데 쏟아지는 잠에 그냥 잠들어 버립니다. 그사이 발이 얼어 동상이 심해졌습니다. 동상은 추울 때는 오히려 괜찮은데 이부자리에 들어가 발이 좀 녹으면 가렵기 시작합니다.

　밤마다 발가락을 긁다가 잠들곤 하여 열 발가락이 부어올랐습니다. 드디어 2월 23일이 왔습니다. 1974년 2월 23일입니다. 그날은

2월에 늦추위가 와서 너무너무 추운 날씨였습니다. 너무 추우니까 다리뼈를 칼로 후벼내는 듯이 통증이 왔습니다. 뒷머리가 띵하고 사고가 정지되는 듯하였습니다.

뼛속까지 스며드는 추위를 이길 길이 없어 성경을 펼치고 성경에 등장하는 "불" 자를 찾기 시작하였습니다. 맨 처음 나온 말씀이 출애굽기 3장에 나오는 모세가 만난 "불"입니다. 애굽의 왕자로 살던 모세가 바로를 피하여 미디안에서 살고 있었습니다. 이제 80세 된 모세가 처가살이하면서 양떼를 치고 있을 때 호렙산에서 불타는 떨기나무를 보았습니다. 떨기나무에 불이 붙어 꺼지지 아니하고 계속 타오르는 것을 이상히 여긴 그가 가까이 다가갔을 때 하나님의 음성을 듣게 되었습니다.

"모세야 너 선 땅은 거룩한 땅이니 발에 신은 신을 벗어라."

여기서 모세가 이스라엘 민족의 지도자로 부름을 받았습니다. 그렇게 구약에서 "불" 자를 차근차근 찾아 나가다가 신약에 이르러 누가복음 12장에서 "불" 자를 만났습니다.

이 말씀을 읽고 눈이 확 열렸습니다. 성경에 이런 말씀이 있었던가 신기한 생각이 들었습니다.

"내가 불을 땅에 던지러 왔노니 이 불이 이미 붙었으면 내가 무엇을 원하리요"(누가복음 12장 49절)

나는 모태신앙으로 평생 교회를 다니고 신학교를 졸업하고 설교하였는데 전에는 이런 말씀이 성경에 있는 줄 모르고 있었습니다.

긴급조치1호 사건으로 군사법정에 선 성직자들
오른쪽부터 김진홍, 이해학, 이규상, 인명진씨

40
불 던지러 오신 예수

이 말씀을 읽고 눈이 번쩍 뜨인 나는 거듭 읽으며 기도드리기 시작하였습니다. 두 손을 모아 절박한 마음으로 기도드렸습니다.

"세상에 불 던지러 오신 예수님! 저에게도 불 좀 던져 주시옵소서. 너무 추워 정신이 혼미합니다. 주님께서 십자가에 달리시던 때에 '다 이루었다'고 말씀하셨습니다. 던지신 불이 이미 붙었다는 말씀인 줄 믿습니다. 지금 저에게 그 불을 던져 주시옵소서."

꿇어앉은 채로 간절히 간절히 기도드렸습니다. 그다음 "불"이 사도행전 2장에 나오는 "불"이었습니다. 오순절에 성령의 "불"이 임하여 교회가 시작하게 된 말씀입니다.

"마침내 오순절 날이 되었고, 모두가 한 곳에 같이 있었습니다. 그런데 갑자기 세찬 바람 같은 소리가 하늘로부터 들려오더니, 그들이 앉아 있는 집을 가득 채웠습니다. 그리고 그들에게 갈라진 혀들이 보였는데 그것이 불과 같았으며, 그것이 그들 각 사람에게 내려앉았습니다. 그러자 모두가 성령으로 충만하였고…"(사도행전 2장 1~3절)

3절에서 4절을 읽어 내려가는데 갑작스레 내 몸에 일어나는 변화를 느꼈습니다. 온몸이 훈훈함을 느꼈습니다. 찬 기운이 완전히 사라지고 온몸에 더운 기운이 넘치게 되었습니다. 나는 의아하여 몸을 만지다가 마룻바닥을 짚어보았더니 마치 온돌방처럼 따뜻한 방으로 바뀌었습니다. 그러기를 3시간, 4시간 지속되어 나는 감격에 넘쳐 방 네모퉁이를 돌며 절하곤 하였습니다.

　예수님께서 "불"로 그 방에 오셔서 머물러 계심을 온몸으로 느끼게 된 것입니다. 내 평생에 잊을 수 없는 감격스런 체험이었습니다. 나는 그 후로 그날을 기려 해마다 2월 23일이 되면 꼭 금식하며 그날의 체험을 돌이키며 그날 읽었던 성경을 읽고, 그날 불렀던 찬송을 부르며 하루를 보내곤 합니다. 1974년 이후 지금까지 한 해도 거르지 않고 지켜온 나만의 부흥회입니다.

　기독교 신앙은 체험의 신앙입니다. 그런 체험이 쌓이면서 우리들의 영성이 진보를 이루어 나갑니다.
　서울구치소에서 만난 사람 중에 이인수 대령이란 분이 있습니다. 나의 죄수 번호 순번은 73번이었고 이인수 대령은 880번이었습니다. 박정희 장군의 비서실장으로 있다가 박 장군이 군으로 돌아가지 아니하고 정치하려는 것을 만류하다 괘씸죄에 걸려 반혁명사건에 얽혀 사형 선고를 받게 되었습니다. 그는 사형 선고를 받고 낮 동안에도 손발에 족쇄가 채워져 지나는 동안 세상을 원망하고 자신을 원망케 되었습니다. 그런 그가 성경 말씀을 읽는 중에 성령의 감동을 받아 오히려 자신의 처지를 감사케 되었습니다. 그가 내게 말했습니다.

"73번 선생님, 내가 사형수로 옥살이하는 동안에 박정희를 원망하고 자신까지 원망하며 하루하루를 보냈습니다. 그러나 말씀을 통하여 예수님을 만나고 은혜를 누리게 되면서 자신을 알게 되고 겸손할 수 있게 되었습니다. 내가 잘나가던 시절에는 교만하여 악수도 한 손으로 받고 사람들의 인사도 목례로 받곤 하였습니다. 그러나 은혜를 받은 후에는 두 손으로 받을 수밖에 없게 되고, 고개를 숙이고 받을 수밖에 없게 되었습니다. 그래서 지난날의 교만하였던 삶을 돌이켜 반성하게 되고 겸손을 배우게 되었습니다."

그는 사형수에서 무기수로 감형받게 된 후로 구치소 전체에서 모범수로 살아가게 되었습니다. 그의 방에 고재봉이란 이름난 살인마가 있었습니다. 5명을 죽인 사람이어서 온 나라에 '살인마 고재봉'으로 널리 알려진 사람이었습니다. 그는 옥살이하면서도 세상에 대한 증오가 쌓여 그의 행패를 당해 낼 사람이 없었습니다. 880번은 그런 그를 측은히 여겨 따뜻한 마음으로 대하며 그를 위하여 기도하고 정성을 들였습니다.

880번이 고재봉에게 처음 예수에 대하여 설명할 때는 마치 이리처럼 어금니를 물고 반발하곤 하였습니다. 그러나 이인수 대령이 정성을 다하여 그의 상처 받은 영혼을 위로하며 기도드리기를 계속하였습니다. 그러던 어느 날 밤중에 고재봉이 그를 깨우고는 "나 같은 불량한 사람도 예수님의 사랑을 받을 수 있을까요?"하고 물었습니다. 그의 마음이 열리기 시작한 것입니다.

고재봉은 이인수 대령이 권면을 따라 예수님을 영접하고는 회개와 감사의 눈물을 흘린 후 전도자로 바뀌었습니다. 그가 형이 집행되기 전 무려 100명이 넘는 동료 죄수들을 예수님께로 인도하였습니다. 복음의 능력이요, 예수님의 사랑의 힘입니다.

41
불 던지러 오신 예수

어느 날 서울구치소에서 안양교도소로 옮겨졌습니다. 안양교도소는 누범자 4300여 명이 수감되어 있는 유별난 교도소였습니다. 그곳에서 신실한 크리스천인 원충연 대령을 만났습니다. 그는 기독교 반 반장이었습니다. 한국 교도소에는 기독교 반, 불교 반, 천주교 반 이렇게 세 종교 반이 있어 재소자들이 자기가 원하는 반에 속하여 신앙생활을 하게 하였습니다. 각 반에 속한 숫자가 대략 4대 2대 1 비율이었습니다. 기독교 반이 400명이면 불교 반이 200명, 천주교 반이 100명 수준이었습니다. 이 비율이 아마 우리나라 종교 인구의 비율일 듯합니다.

기독교 반 반장인 원충연 대령은 사형수로 지나다 무기수로 감형된 분으로 그 인격이 고상하여 동료 재소자들의 존경을 받는 인물이었습니다. 하루는 운동장에서 운동하는 시간에 그에게 물었습니다.

"원 대령님, 같은 빵잽이(재소자들을 부르는 감옥 안의 은어)들끼리 어찌 그렇게 존경받습니까? 나는 성직자이지만 신도들로부터 그만한 존경을 받지 못하는데, 그렇게 존경받을 수 있는 Know-how가 뭐지요?"

나의 물음에 원충연 대령이 진지한 얼굴로 답하였습니다.

"73번 선생님, 내가 동료 재소자들로부터 존경받는 것은 내 인격이 훌륭하거나 내 신앙이 깊어 존경받는 것이 아닙니다."

"그럼 그렇게 존경받는 이유가 무엇이요? 좀 배웁시다."

그랬더니 그가 자신의 간증을 들려주었습니다.

"나는 박정희 장군의 공보실장이었습니다."

"아니 공보실장이라면 직계 중의 직계일 텐데 왜 무기수로 징역을 살고 있어요?"

원충연 대형의 긴 이야기를 들려드립니다.

저의 아버지가 독립운동하다 일본 순사 고문에 돌아가셨습니다. 어머니는 전도사가 되어 전라남도 강진에서 교회 전도사로 섬기며 나를 길렀습니다. 내가 자랄 때 어머니는 항상 내게 이르시기를 '충연아, 너는 나중에 하나님의 일꾼이 되어 하나님의 일을 하여야지 세상으로 나가면 안 된다.'고 일러 주었습니다. 제가 고등학교 졸업하고 일반 대학으로 진학할 사정이 안 되어 학비 부담이 없는 육군사관학교로 진학하였습니다. 육사를 다니는 중에 생도 대장도 하고, 졸업 후에는 동급생들이 대위 달 때 소령 달고, 중령 달 때 대령 되고, 승승장구하였습니다. 그러는 사이 하나님의 일은 완전히 잊어버렸습니다. 그러다가 박정희 장군의 인정을 받게 되어 참모로 있다가 5·16 혁명이 난 후엔 공보실장의 보직을 받게 되었습니다.

공보실장직을 맡으면서 열심히 일하였는데 모시는 박 장군께서 혁명 거사를 일으키던 때는 국가 질서만 회복하면 군으로 되돌아간다는 공약을 걸고 시작하였는데 시간이 지나면서 대통령에 출마하려는 마음을 품게 되면서 내 운명도 빗나가게 되었습니다. 나는 타고난 성품이 고지식하여 장군님께 거듭 권하였습니다.

"처음 혁명 거사를 일으킬 적에 국민에게 약속하신 대로 정치는 민간에 맡기고 우리는 군으로 돌아갑시다."

박 장군께서는 이미 대통령이 되려고 작심하고 있는데 내가 그런 건의를 거듭 드리니 괘씸히 여겨 반혁명 사건으로 몰리어 힘든 고문을 거쳐 사형 선고를 받게 되었습니다. 그런데 내가 이문동 육군 보안사의 취조실에서 조사받을 때입니다. 고문이 너무 심하여 기절했다가 깨고 다시 고문받다 깨곤 하기를 되풀이했는데 한번은 기절했다가 깨어났더니 온몸이 분해된 듯이 손가락도 꼼짝할 수 없는 처지에 이르렀습니다.

그리고 손발에서부터 몸이 식어지기 시작하다가 심장 쪽으로 굳어 왔는데 내 직감으로 이제 죽는 게로구나 하고 느끼게 되었습니다. 그때야 '내가 군인으로서 나라 위한 일로 죽는 것은 두렵지 않습니다. 다만 하나님의 일꾼으로 살지를 못하고 세상일만 하다 죽는 것을 회개합니다' 하며 회개 기도를 드리는데 눈에서 눈물이 나와 뺨으로 흘러내리는 것을 느꼈습니다.

그런데 그때 난데없이 천정으로부터 밧줄이 내려오면서 하나님의 음성을 듣게 되었습니다.

"이 줄을 잡아라."

이 음성을 듣고는 즉시 힘이 솟아나 벌떡 일어나 두 손으로 줄을 잡았습니다.
그때 다시 두 번째 음성이 들렸습니다.

"이 줄을 놓지 말지어다."

두 번째 음성을 들을 때에 불기운이 자신의 몸을 휘감는 듯하더니 힘이 솟으며 체력이 완전히 회복되었습니다. 내가 이런 은혜를 받았는데 어찌 감옥 생활을 허투르게 할 수 있겠습니까? 난 옥살이가 힘들 적마다 그날의 밧줄을 생각하고는 정신을 가다듬곤 합니다. 그래서 내가 동료들로부터 존경 아닌 인정을 받게 되는 것이지요.

42

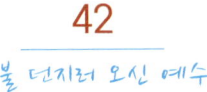

원충연 대령의 간증을 듣고 나는 깊이 감동되었습니다. 그래서 그날 밤부터 나는 잠자리에 들기 전에 혹은 자다 깰 때 천정을 바라보게 되었습니다. 천정을 바라보며 마음으로 기도드리곤 하였습니다.

"하나님, 저에게도 하늘에서 밧줄이 내려오게 하여 주시옵소서. 저도 징역살이 고달프기는 마찬가지입니다. 저에게도 밧줄이 내려와 위로받고 용기를 얻게 하여 주시옵소서."

열흘이 넘도록 그렇게 기도드렸지만, 천정에서 아무것도 내려오지 않았습니다. 그래서 마음을 바꾸었습니다.

'그래, 원 대령은 워낙에 급한 상황이어서 하늘로부터 줄이 내려오고 하나님의 음성까지 듣고 하였지만 나는 그렇게 급한 처지는 아니니까 밧줄이 내려오지 않는 것이로구나.'

그렇다면 밧줄 내려 주시라는 기도는 그만두고 말씀을 깊이 읽으며 말씀의 문이 열리기를 힘써야겠다 다짐케 되었습니다. 그날로부터 작심하고 성경을 읽기 시작하였습니다. 월요일 아침에 창세기

1장 1절에서 시작하여 낮 동안에만 보통 속도로 읽었더니 토요일 오후 되니 요한계시록 22장 마지막 절까지 읽게 되었습니다.

그렇게 일독을 마치고 나서 회개하였습니다.
'6일이면 한 번 읽는 성경을 1년에 한 번도 안 읽고 지냈구나. 성경을 1년에 한 번도 안 읽고 설교하였구나' 하고 깊이 반성케 되었습니다. 군사 재판에서 최종 선고가 15년 형이 내려졌습니다. "피의자 김진홍 15년"이라고 재판장이 방망이 두드리는 소리를 들으며 나는 생각했습니다.

'와매 오래 살아라 하네. 그렇다면 이미 버린 몸, 딴 생각하지 말고 성경이나 실컷 읽다 나가야겠구나. 엿새 한 번씩 읽고 7일째인 주일에는 예배드리고 쉬고 15년을 읽으면 몇 번이나 읽게 되나?'

하는 생각에 계산까지 해 보았습니다. 그래서 마음을 굳게 먹고 성경 읽기에 열중하였습니다. 성경 전체 읽기를 여섯 번째 할 때였습니다. 어느 날 예레미야서 4장을 읽을 때였습니다. 4장 3절을 읽는데 갑자기 말씀이 변화되었습니다. 종이에 글자 찍힌 책은 사라지고 살아 계신 하나님의 살아 있는 말씀으로 나에게 다가왔습니다. 말씀이 내 영혼의 헐벗은 모습을 보여 주는 거울이 되었습니다.

내 삶을 이끌어 준

여섯 번째 말씀
오직 하나님께 속하라

여호와께서 유다와 예루살렘 사람에게 이와 같이 이르노라
너희 묵은 땅을 갈고 가시덤불에 파종하지 말라
유다인과 예루살렘 주민들아 너희는 스스로 할례를 행하여
너희 마음 가죽을 베고 나 여호와께 속하라
그리하지 아니하면 너희 악행으로 말미암아 나의 분노가 불 같이 일어나
사르리니 그것을 끌 자가 없으리라
(예레미야 4장 3~4절)

43
오직 하나님께 속하라

나는 넘치는 감동으로 눈물을 훔치며 예레미야 4장을 읽어 나갔습니다.

예레미야 4장 3절과 4절을 읽을 때 내 영혼의 가난한 모습을 보게 되며 그간에 잘못 살아온 날들을 눈물로 회개하는 시간을 가졌습니다. 그 후로 성경 말씀이 살아 있는 말씀으로 다가왔습니다. 성경 읽는 시간이 즐거운 시간이 되고 성경을 읽으면 읽을수록 더 깊이 빠져들게 되었습니다.

성경 말씀이 에스겔서에서 일러 주는 바처럼 꿀처럼 달게 되었습니다.

"또 그가 내게 이르시되 인자야 너는 발견한 것을 먹으라 너는 이 두루마리를 먹고 가서 이스라엘 족속에게 말하라 하시기로 내가 입을 벌리니 그가 그 두루마리를 내게 먹이시며 내게 이르시되 인자야 내가 네게 주는 이 두루마리를 네 배에 넣으며 네 창자에 채우라 하시기에 내가 먹으니 그것이 내 입에서 달기가 꿀 같더라"(에스겔 3장 1~3절)

내 살아온 평생에 하나님의 말씀이 그렇게 달기가 꿀 같은 말씀임을 처음으로 느끼게 되었습니다. 나는 말씀에 은혜가 깊어져 감동의 눈물을 훔치며 읽었습니다. 눈물이 성경책에 떨어져 얼룩지게 되기에 성경을 멀찍이 두고 눈물을 훔치며 읽고, 읽고, 또 읽었습니다. 그런 체험이 있고 난 뒤로 옥살이가 은혜의 시간으로 바뀌었습니다. 나는 하나님께 감사기도를 드렸습니다.

"하나님 감사합니다. 목회자라면서도 일 년에 한 번도 성경을 읽지 못하고 바쁘게만 살아왔는데 감옥에 들어와 말씀을 깊이 읽을 수 있게 인도하여 주셔서 감사합니다. 옥살이를 몇 해가 가든지 말씀을 깊이 읽고 옥살이를 벗어난 후에 성도들에게 성경 말씀을 깊이 있게 전하며 살아가겠습니다. 감사합니다. 감옥이 내게 축복의 자리가 되었습니다."

그런 시간을 보내면서 자신에 대하여 성찰하게 되었습니다. 성직자로서 데모하다 옥살이하게 되었는데 내가 한 데모가 영적으로 잘한 것인지 아닌지에 대하여 생각하게 되었습니다. 그런 생각을 하며 성경을 읽는 중에 신약성경에서 데모에 대한 말씀을 읽게 되었습니다. 고린도전서 2장에서입니다.

"내 말과 내 전도함이 설득력 있는 지혜의 말로 하지 아니하고
다만 성령의 나타나심과 능력으로 하여 너희 믿음이 사람의

지혜에 있지 아니하고 다만 하나님의 능력에 있게 하려 하였노라"(고린도전서 2장 4~5절)

이 말씀에서 '성령의 나타나심과 능력'이란 말씀이 영어 성경에서는 'a demonstration of the Spirit's power'로 나와 있습니다. 성령의 데모를 하라는 말씀입니다. 이 말씀을 접한 후 나는 깊이 생각하였습니다. 성경이 일러 주는 '성령의 데몬스트레이션'이 무슨 뜻일까를 며칠 동안 기도하며 생각하다 결론을 내렸습니다.

'성령의 데몬스트레이션이란 길거리에서 누구누구 물러나라는 데모가 아니라 진리의 말씀인 성경의 가르침을 따라 사는 것이 성령의 데모다'라는 결론에 이르렀습니다. 그래서 언젠가 출소하여 목회지로 돌아가게 되면 말씀대로 사는 데모에 삶을 헌신하여야겠다 다짐케 되었습니다.

44
오직 하나님께 속하라

교도소에는 일주일에 한 차례 종교 교육 시간이 있습니다. 한 달에 2회는 목사가 강사로 오고 1회는 스님이 오고 나머지 1회는 신부님이 와서 강의하게 됩니다. 그 시간에는 전체 재소자가 넓은 강당에 모여 듣게 됩니다. 어느 날 종교 교육 시간에 출석하였더니 한얼산 기도원의 이천석 목사가 강사로 왔습니다. 이천석 목사는 6·25 전쟁에서 다리 하나를 잃은 상이군인으로 전과 5범인 불량배였습니다. 그런 그가 어느 날 예수님을 영접하고 성령 체험하고 변화되어 신령한 목사가 된 분입니다.

이천석 목사는 신체가 건장하고 목소리가 우렁차서 안양교도소 넓은 강당을 압도하였습니다.

그는 '나는 별 다섯인 사람인데'로 설교를 시작하였습니다. 재소자들은 옥살이 전과 1회를 별 하나로 불렀습니다. 그래서 별 다섯이란 말은 전과 5범이란 말입니다. 그 말에 벌써 은혜받기 시작했습니다. 별 다섯인 대선배께서 강사로 왔으니 그 말에 이미 압도되어 모두 쥐 죽은 듯이 조용히 경청하는 분위기가 되었습니다.

그가 설교하면서 전과자들의 은어를 자연스럽게 구사하며 좌중을 압도하였습니다.

"내가 명동에서 냄비 하나 달고 목에 힘주고 걷는데 까마귀가 날 찍길래 인상을 꽉 찌끄렸더니 까마귀가 사라져 버리드만…"

재소자들이 사용하는 은어로 여자를 '냄비'라 하고 경찰관을 '까마귀'라 합니다. 재소자들만의 그런 은어를 자연스레 구사하며 설교를 시작하더니 그가 은혜받을 때 체험한 독특한 간증을 실감 나게 펼쳐 나갔습니다.

4,300명의 재소자를 웃기기도 하고 울리기도 하며 설교를 계속하니 재소자들의 감명이 대단하였습니다. 모두 은혜를 받아 얼굴이 환하게 변하였습니다. 그런데 설교 끝마무리에서 하는 말에 나는 가슴이 철렁하여 하나님께 간절한 기도를 드리게 하였습니다.

"너희들 중에 예수 믿고 나처럼 목사가 되어 자가용 타고 다니는 사람 되기를 희망하는 자들은 그 자리에서 일어서."

이렇게 말하니 무려 7백 명에 가까운 죄수들이 일어섰습니다. 순간 나는 당혹스러워 저절로 기도가 나왔습니다. '폭력, 강간, 절도, 사기 온갖 죄로 옥살이하는 저들이 목사가 되면 한국교회가 수라장이 될 텐데' 하는 염려가 들어 기도가 나오게 된 것입니다.

"아이고 하나님, 저들이 예수를 믿되 서리 집사까지만 되게 해 주시고 목사는 되지 않게 해 주시옵소서."

　내가 이런 기도를 드리게 된 데에는 이유가 있습니다. 전과자들이 회개하여 목사가 될 수 없다는 것이 아닙니다. 회개하고 예수를 믿되 교회에서 큰 영향력을 미치지 못하는 집사 정도의 직만 가지게 해 달라는 것입니다. 내가 왜 그런 기도를 드리게 되었느냐 하면 청계천 빈민촌 목회에서 겪은 사례들이 있기 때문이었습니다.

45
오직 하나님께 속하라

　빈민촌에서 함께 넝마주이 하던 동료 중에 28세 된 청년이 있었습니다. 평소에는 얌전한 그였으나 술만 마시게 되면 딴 사람처럼 변하여 난폭하여졌습니다. 누구든 길 가는 사람을 붙들고 시비 걸다가 박치기로 얼굴에 헤딩을 하곤 하였습니다. 그는 넝마주이 하여 번 돈을 배상금 물어 주는 데에 탕진하는 젊은이였습니다.

　나는 그런 그가 안쓰러워 넝마주이 하는 동안에 함께 쓰레기 더미를 뒤지며 차근차근 설득하였습니다.

　"이 사람아, 자네는 성품도 좋고 부지런하고 다 좋은데 그 술버릇 땜에 사람 구실 못하는 게야. 나와 같이 예수 믿고 술 끊고 사람답게 살도록 힘써 보세."

　내가 마치 친동생 대하듯이 정성을 들였더니 내 말이 먹혀들어 변하게 되었습니다. 그는 나의 권면을 받아들여 술을 끊고 교회에 다니기 시작하더니 마치 딴 사람처럼 변화되었습니다. 나는 그런 그를 가상히 여겨 잘 길러서 교회의 지도자로 세워야겠다고 생각하여 그에게 정성을 쏟았습니다. 그런데 그런 기대가 허물어지게 되었습니다.

어느 날 한밤중에 밖이 소란스러워 잠결에 나가 보았더니 그가 술에 만취되어 교회 지붕으로 올라가 지붕 위를 오락가락하며 소리소리 지르고 있었습니다. 한 손에 소주병을 들고는 술병을 공중에 흔들며 소리 질렀습니다.

"하나님 내려오시라요. 내려와서 만납시다요."

나는 질겁을 하여 지붕을 쳐다보며 큰 소리로 말했습니다.

"야 이 사람이 지금 뭔 짓 하고 있는 기여. 조용히 내려와. 내려와."

그가 나를 내려다보며 혀 꼬부라진 소리로 말했습니다.

"하이 돌팔이 목사가 나오셨구먼요. 이리 올라오시라요. 올라와서 돌팔이 목사, 돌팔이 집사, 돌팔이 하나님 삼위일체로 한잔 찌끄립시다레."

나는 기가 막혀 지붕 위의 그를 쳐다보며 "정신 나간 소리 말고 어서 내려와. 그러다가 지붕에서 미끄러지면 어쩔려고 그러냐." 하며 어서 내려오라고 재촉하였습니다. 그가 루핑 지붕에서 뒤뚱거리며 내려오길래 혹시나 떨어져 다칠까 봐 밑에서 그를 쳐다보고 "조심해. 조심해" 하며 도와주려 하였습니다.

그런데 빈 속에 소주에 안주를 잔뜩 먹은 그가 아래를 보며 내려오려다 "우왁" 하고 토하였습니다. 위를 쳐다보고 있던 내 얼굴에 토한 음식이 쏟아졌습니다. 그런데 사람 뱃 속에 있는 것들이 왜 그리 냄새가 독합니까? 나는 "제기랄 세례도 가지가지네" 하며 우물로 가 물을 저어 올려 온몸을 씻느라 잠도 제대로 못 잤습니다. 새벽녘에 술에서 깨어난 그가 나를 찾아와 물었습니다.

"어제 밤에 제가 술김에 실례한 건 없는지요?"

나는 할 말이 없어 "머라꼬? 실례한 기 없냐꼬? 자네 참 속 편한 소리 하는구먼. 앞으론 지붕에 언제 올라갈지 말이라도 먼저 하게. 사다리라도 갖다 놓게."

그러고는 없던 일로 하고 말았습니다. 흔히들 말하기 쉬워 전과자가 회개하여 새사람 되고 목사도 되었다고 말들 하지만 나는 그런 말을 쉽게 받아들이지 않습니다. 어떤 사연으로든 한 번 망가졌던 사람이 다시 새로워진다는 건 쉬운 일이 아닙니다. 그래서 나는 안양교도소 재소자들이 이천석 목사의 말을 듣고 700여 명이나 목사가 되겠노라고 일어서는 것을 보고 가슴이 철렁한 것입니다.

안양교도소에서 다시 수원교도소로 옮겨졌습니다. 수원교도소는 외국인 죄수들도 함께 수감 되어있는 모범 교도소였습니다. 교도소

내에 도서실까지 갖추어져 있고 볼만한 책들도 적지 않았습니다. 나는 수원교도소에서의 생활을 즐기게 되었습니다. 성경 읽는 틈틈이 도서실에 가서 책도 대출하여 읽으며 모처럼 안정된 나날을 보낼 수 있었습니다.

그러는 사이 해가 바뀌어 1975년 새해를 맞게 되었습니다. 새해 들어 5일째가 되던 날 청계천 활빈교회 교인들 5명이 단체로 면회를 왔습니다. 교도소 규칙이 2명 이상 접견이 되지 않는데 교도소 측에서 특별 배려를 해 주어 특별실에서 접견이 될 수 있게 해 주었습니다. 모처럼 얼굴을 대하고 즐거운 만남을 이루고 있는데 교인 중 한 분이 내게 일러 주었습니다.

"전도사님, 내일부터 전 교인이 합심하여 전도사님 석방을 위해 철야 기도하기로 하였어요."

하기에 깜짝 놀라 그러지 말라고 설득하였습니다.

"아니 빈촌에서 겨울에 일감이 없어 굶는 집들도 적지 않는데 잠이라도 푹 자야지 철야 기도한다니 안 될 일이야. 내가 15년 선고를 받았는데 그래도 몇 년 살다 나가야지 일 년 된 지금에 나갈 수 있겠냐."

내 말에 교인들이 확신에 찬 어조로 답하였습니다.

"사도행전에 보니 베드로가 옥중에 있는데 신도들이 밤새워 기도하였더니 옥문이 열렸습디다. 지금도 그런 역사가 있을 줄 믿습니다."

김진홍 목사 석방을 위한 활빈교회 성도들의 기도회

46
오직 하나님께 속하라

청계천 활빈교회 성도들은 나의 석방을 위하여 40일간이나 기간을 정하고 밤마다 철야기도 하겠노라 해서 나는 마음에 부담이 되어 그러지 말고 잘 먹고 잘 자라, 나는 때가 되면 나가게 될 것이니 무리하지 말라 일렀습니다. 그러나 그들은 막무가내로 40일간 철야하고 구역별로 돌아가며 3일씩 금식하면서 "우리 전도사님 옥문을 열어 나오게 하여 주시옵소서" 하며 철야 기도와 금식 기도를 드리겠노라 하고는 돌아갔습니다.

나는 그들이 돌아간 후에 잊어버리고 있었으나 활빈교회 성도들은 다음 날부터 밤마다 판잣집 교회당에 모여 철야 기도드리고 구역별로 3일씩 금식 기도를 이어 나갔습니다. 40일이 되는 날이 2월 14일이었습니다. 2월 15일이 되자 교도소 분위기가 술렁이더니 아침 9시경에 교도관이 방으로 찾아와 밝은 얼굴로 일러 주었습니다.

"73번, 기쁜 소식이요. 오늘 집으로 가게 되었수다. 얼른 짐 꾸려 나갈 준비 하세요."

나는 그 말을 믿을 수 없었습니다. 정치범들은 한 교도소에 오래 머물지 아니하고 교도소를 옮겨가며 관리합니다. 나는 다시 다른 교도소로 옮긴다는 것인 줄로 지레짐작하고 교도관에게 말했습니다.

"또 다른 교도소로 옮기는 모양인데 따뜻한 제주교도소나 진주교도소로 옮겨 주시오."

교도관은 웃으며 "예, 나가신 후에 제주도로 가시든지 하와이로 가시든지 알아서 가시라요."하고 대답하였습니다. 내가 짐을 꾸려 교도관의 안내를 받으며 수원교도소 정문을 나서니 활빈교회 교인들이 버스 두 대로 마중 나와 두 줄로 서서 나를 환영하여 주었습니다.

"할렐루야 우리 목자 돌아오셨다"는 플래카드를 들어 올리며 "할렐루야" 하며 나를 환영해 주는데 나는 이게 꿈인가 생시인가 하여 몸 둘 곳을 몰랐습니다. 나는 감격에 넘쳐 수원교도소 앞길에 엎드려 흙바닥에 입을 맞추며 "감사합니다." "하나님 감사합니다"를 연발하였습니다. 청계천으로 돌아오는데 옆자리에 앉아 있던 김종길 집사가 "전도사님, 오늘이 며칠 짼 줄 아세요?"라고 물었습니다.

나는 구속된 지 며칠째인 줄로 묻는가 하여 "예, 13개월이 조금 지난 것 같은데요." 하였더니 "그기 아니고요. 우리가 지난번 면회 와서 40일 철야 기도한다고 하였는데 그 후로 며칠째인지 아느냐?"고 묻는 것입니다.

"글쎄, 난 그 말을 잃어버리고 있었는데 오늘이 며칠째인가요?" 하였더니 김종길 집사가 일러 주었습니다.

"바로 어젯밤이 금식 40일째입니다. 그때 전도사님은 안 믿었지만, 우리가 40일간 금식을 마치고 나니 오늘 석방된 것입니다."

나는 그 말을 듣고 신기한 생각이 들어 "그 참 신기한 일이네. 40일 금식이 마치는 날 내가 석방되었구나. 참 신기하네." 하였더니 주위에서 한목소리로 말하였습니다. "전도사님, 신기하단 말이 섭섭하네요. 우린 잠을 못 자서 졸려 죽겠는데 신기하다니요."

나는 살아 계신 하나님께서 춥고 배고픈 청계천 빈민촌 사람들의 간절한 기도를 들으신 것으로 믿어져 감사기도를 드렸습니다.

김진홍 목사 석방 감사예배

47
오직 하나님께 속하라

옥살이에서 풀려난 나는 빈민 선교에 다시 열중케 되었습니다. 그런데 내가 감옥으로 들어갈 때는 교인 수가 150명 정도였는데 출옥하고 보니 300명에 가깝게 늘어났습니다. 교인들에게 "내가 없으니, 교인들이 두 배 가까이 늘어났으니 이게 문젠데요. 그렇다면 내가 사라져야 교회에 좋다는 거 아니겠어요." 하였더니 교인들이 입을 모아 말했습니다.

"그런기 아니구요. 전도사님 석방시켜 달라고 온 교인들이 철야하며 기도하는 중에 성령 체험을 하고 방언 은사가 터지고 신령한 체험들을 많이 하게 되어 교인들이 은혜받아 교회가 부흥케 된 거예요. 이제 전도사님이 오셨으니 더 부흥되겠지요."

그런 대화를 나누며 모두 행복을 나누었습니다. 나는 다시 넝마주이 일을 시작하여 우리 나와바리인 뚝섬 지역 쓰레기통을 뒤지다가 주일이면 하루 쉬며 교인들과 예배드리곤 하였습니다.

내가 옥중에 있는 동안에 슬픈 일들도 있었습니다. 교인 중에 훈이 엄마란 분이 있었습니다. 나를 붙들고 울며 남편이 죽게 된 사연을 일러 주었습니다.

"남편이 갑자기 배가 아프다고 방바닥을 데굴데굴 구르며 아파하였는데 돈이 없어 병원에 가지를 못하고 시간을 끌다 나중에 급해져서 딸라 돈을 빌려 병원엘 갔는데 담석증이랬어요. 병원에 너무 늦게 간 데다 수술비를 마련치 못하여 죽었시요. 전도사님만 계셨음 살릴 수 있었을 텐데 너무 억울합니다요. 전도사님, 이제는 감옥에 가들 마시라요."

이렇게 넋두리하며 흐느껴 우는데 나도 함께 울었습니다. 남편이 그렇게 죽은 후로 훈이 엄마는 장안벌 비닐하우스 안에 있는 시금치밭에 나가 날품 팔며 3남매를 기르고 있었습니다. 그런데 하루는 훈이 엄마와 함께 시금치밭에서 일하는 아주머니들이 예배 후에 훈이 엄마 일로 나의 도움을 청하였습니다.

"전도사님요, 훈이 엄마 좀 도와 주시라요."

"훈이 엄마에게 무슨 사고라도 있나요. 무얼 도와 달라는 거지요?"

"일하다가도 배가 아프다 하고요. 구토가 나고요. 자꾸 어지럽데요. 병원에 갈 형편이 안 되니 하루 일하고 하루 쉬고 하니 3남매 키우기도 힘들어 사정이 말이 아니라요. 전도사님이 병원에 델꼬가서 진찰해 주시라요."

나는 짐작 가는 바가 있어 "병원에 갈 것도 없네요. 다 아는 병이네요." 하였더니 아줌마들이 "아니 다 아는 병이라니요. 뭔 병인지 병원에 가보지도 않고 어찌 아신다요." 하길래 "아는 병이지 뭐, 임신한 거지요. 증세를 들으니 틀림없이 임신이잖아요." 하고 자신 있게 말했습니다.

"아니 전도사님, 남편도 없이 어떻게 임신을 헌다요."

"요즘 세상에 남편 없어도 임신 곧잘 하잖아요. 처녀들도 임신하는 세상인데요. 임신하고는 부끄러우니까 말 못하고 있는 거지요. 애기를 지우지 말고 낳으라 하세요. 교회서 키웁시다."

그런 대화를 나누고는 헤어졌는데 며칠 후 넝마주이 하는 뚝섬까지 아줌마 둘이 숨 가쁘게 찾아 왔습니다. 가쁜 숨을 몰아쉬며 "전도사님, 훈이 엄마가 시금치 밭에서 일하다 쓰러졌어요. 전도사님 불쌍한 훈이 엄마 좀 살려주세요. 애들 아빠도 그렇게 죽었는데 엄마까지 죽게 되면 애들은 어떡하나요."

내가 하던 일을 멈추고 훈이 엄마에게 갔더니 얼굴이 파리한 채로 배를 움켜쥐고 신음하고 있는 모습이 심상치 않아 보여 택시에 태우고 을지로 6가에 있는 메디칼센터로 갔습니다. 응급실에서 진찰하더니 자궁에 문제가 있는 것 같다며 엑스레이 찍어 오라 하여 엑스레이

실로 갔더니 수납에 비용을 치르고 오라 하였습니다.

  돈을 마련해 오지 못하였으니 사진부터 찍고 절차를 밟아 주면 돈을 구해 오겠노라 하였더니 엑스레이엔 외상이 없다 하였습니다. 급한 마음에 다시 택시를 타고 서울대학교 의과대학으로 가서 김상현 군을 찾았습니다. 그러나 그날따라 김상현 군이 결석하였습니다.

  서울대학병원을 거쳐 동대문 로터리 부근에 있는 이화여대 부속병원으로 갔습니다. 병원마다 접수처에서 받아 주지 않아 발길을 돌렸습니다. 그러다 시간은 오후 5시를 지났습니다. 나는 지쳐 기진맥진하여, 내일 다시 길을 찾아보아야겠다는 생각으로 판자촌으로 돌아가려는데 주머니에 돈이 떨어져 버스비조차 없었습니다.

  나는 동대문 로터리 종합운동장 앞의 버스 정류장에서 환자를 업은 채 차장 아가씨께 부탁했습니다.

"아가씨, 병원 돌다 차비가 떨어졌네. 그냥 좀 태워줄 수 없을까?"

  차장 아가씨들이 매몰차게 "아저씨, 퇴근 시간에 발 디딜 틈도 없는데 어떻게 환자 델꼬 공짜로 타려 하요. 뜸해진 뒤에 타시라요." 하며 버스 문을 닫아버렸습니다.

  나는 하는 수 없이 훈이 엄마를 업고 걸었습니다. 한양대학 뒤편 송정동 판자촌까지 걷자니 100리 길이나 되듯이 아득하였습니다.

48
오직 하나님께 속하라

훈이 엄마를 업고 걷던 나는 화가 치밀었습니다. 훈이 엄마가 등에 붙어서 쉽게 걸어갈 수 있도록 협조를 해 주어야 하는데 자꾸만 뒤로 제쳐지니 힘이 들어 화가 난 것입니다. 나는 짜증난 목소리로 나무랐습니다.

"훈이 엄마, 등에 딱 붙어 주세요. 자꾸 뒤로 넘어지면 내가 힘들잖아요. 내 등에서 잠자는 겁니까? 왜 자꾸만 뒤로 제쳐집니까?"

그러면서 뒤로 쏠리는 몸을 추스려 등에 붙여서 걸으면 얼마 가지 않아 다시 뒤로 제쳐지곤 하였습니다. 너무 화가 난 나는 성동소방서 마당에 이르러서 소방서 마당에 떨어뜨려 버렸습니다. 깍지 끼고 있던 손을 풀어버리니까 바닥에 쿵 하고 떨어졌습니다. 화가 너무나 치민 나는 바닥에 떨어진 사람을 돌아보지도 아니하고 투덜거렸습니다.

"사람이 협조를 해야지 염치없이 등에서 잠만 자면 어떡하나요."

그렇게 화풀이하다 떨어진 사람이 움직이지 않기에 이상히 여겨다가가 보았더니 이미 숨을 거둔 뒤였습니다. 그녀가 죽은 것을 알고는 머릿속에서 윙 소리가 나며 눈앞이 캄캄하여졌습니다.

그냥 훈이 엄마 곁에 털썩 주저앉았습니다. 죽어서 뒤로 제쳐지는 것을 모르고, 화만 내다가 세멘 바닥에 팽개치듯이 떨어뜨렸으니 내 마음에 비참함이 물밀듯 다가왔습니다. 나는 예수가 원망스러워 하늘을 향하여 소리쳤습니다. 흐르는 눈물을 훔치며 소리쳤습니다.

"예수님 너무하십니다. 불쌍한 훈이 엄마, 하루 종일 병원 찾아다니다가 힘없는 내 등에서 죽게 외면하십니까. 해도 너무 하십니다. 난 이제 어떡해야 합니까?"

나는 내가 살아가는 세상이 너무나 원망스러웠습니다. 나라가 세운 병원도, 교회가 세운 병원도 훈이 엄마 한 사람 받아 주는 곳 없는 세상이 싫어졌습니다. 그냥 휘발유 뿌리고 확 불 질러 버리고 싶은 마음이 솟았습니다. 한참이나 훈이 엄마 곁에 멍하니 앉았다가 죽은 사람을 끌다시피 하여 판자촌으로 갔습니다. 업고 가다 힘들면 끌고 가다 정신 줄을 놓고 걸었습니다.

한양대학을 지나면 뚝섬으로 나가는 다리가 있습니다. 성동교란 다립니다. 다리 중간쯤에 이르러서는 더 갈 수 없도록 기운이 떨어져 다리 난간에 시체를 걸쳐 놓은 채로 그 곁에 넋을 놓고 앉아 있었습니다. 이미 어두워져 헤드라이트를 켠 채 오고 가는 자동차들이 줄줄이 이어졌습니다. 시간을 잊어버린 채 앉아 있는 동안에 내 마음속 깊은 곳으로부터 들리는 세미한 음성을 듣게 되었습니다.

내 삶을 이끌어 준

일곱 번째 말씀

내가 새벽을 깨우리로다

하나님이여 내 마음이 확정되었고 내 마음이 확정되었사오니

내가 노래하고 내가 찬송하리이다

내 영광아 깰지어다 비파야, 수금아, 깰지어다

내가 새벽을 깨우리로다

(시편 57편 7~8절)

49

내가 새벽을 깨우리로다

내 귀에, 내 가슴에, 내 영혼에 들려오는 세미한 소리에 귀를 기울였습니다.

"너 등에 죽은 그 여인이 십자가에 죽은 나 예수다."

나는 소스라치게 놀라 죽은 여인 곁에 무릎을 꿇었습니다. 그리고 절하며 말했습니다.

"예수님, 나의 주인 되시는 예수님 알겠습니다. 예수님을 잘 모시지 못해 죄송합니다. 앞으로 잘 모시겠습니다."

그리고는 성동교 다리 위의 가로등 불빛 아래서 성경을 펼쳐 다음 구절을 찾아 읽었습니다.

"하나님이여 내 마음이 확정되었고 내 마음이 확정되었사오니 내가 노래하고 내가 찬송하리이다 내 영광아 깰지어다 비파야, 수금아, 깰지어다 내가 새벽을 깨우리로다"(시편 57장 7~8절)

나는 그 자리에서 무릎을 꿇은 채 쏟아지는 눈물을 훔치며 다짐하였습니다. 이런 어두운 역사에서 새벽을 깨우는 일꾼이 되겠습니다. 서럽고 슬픈 영혼들을 위하여 희망의 새벽을 깨우는 그릇이 되겠습니다. 그래서 그 후로 〈새벽을 깨우리로다〉는 나의 사명이 되었고, 나의 삶의 목표가 되었고, 살아가야 할 이유가 되었습니다.

나는 훈이 엄마를 두 팔에 안은 채로 마을로 들어갔습니다. 날이 새어 장례를 치르려니 비용이 없었습니다. 신학교로 가서 호주 선교사인 변조은 John Brown 교수를 찾아갔습니다. 영감이 넘치는 강의로 신학도들인 우리들에게 감화를 주는 분이었습니다. 나는 변조은 선교사를 만나 부탁드렸습니다.

"한 여인의 장례를 치러야겠는데 시체를 화장터로 싣고 갈 비용이 없습니다. 죄송하지만 교수님의 랜드로버 짚차를 하루만 빌립시다."

변 선교사님은 흔쾌히 허락해 주면서 당일에 쓰라고 금일봉까지 보태 주었습니다. 다음 날 나는 훈이 엄마의 3남매와 함께 벽제에 있는 서울시립 화장터로 갔습니다. 훈이 엄마는 짚차 뒷칸에 싣고 3남매와 함께 화장터로 갔습니다. 벽제 화장터에 도착하여 화장하는 절차를 밟으려 했더니 남자 몇이 앞을 가로막으며 여기서는 화장할 수 없노라고 굳은 얼굴로 말했습니다.

50
내가 새벽을 깨우리로다

나는 어안이 벙벙하여 물었습니다.

"아니 무슨 소리에요. 죽은 사람 화장하는 곳에서 화장할 수 없다니 무슨 말을 하는 겁니까?"

그렇게 물었더니 그들 중에 좌장인 듯한 사나이가 험상궂은 표정을 지으며 말했습니다.

"이 화장터에서 화장하려면 조합에 등록된 장의 버스로 싣고 와야 하는 거요. 당신네들 같이 개인 짚차에 싣고 오면 받아 줄 수 없소."

그제야 나는 무슨 뜻인지 이해가 갔습니다. 내가 그분들께 시정 조로 부탁했습니다.

"그런기 아니구요. 나는 빈민촌에서 목회하는 목회자인데요. 마을에 불쌍하게 죽은 분이 있는데 화장할 비용이 없어 차를 공짜로 빌려 싣고 온 겁니다. 사정을 이해하시고 선처해 주십시오."

그렇게 공손히 말하였음에도 "절대 안 되요" 하고 거절하기에 나는 넝마주이 왕초 기질이 되살아나 험한 말로 윽박질렀습니다.

"당신네들 임자 만났어! 뭐이라꼬! 개인차에 싣고 와서 화장 안 된다고! 당신들 이 자리에 사람 죽는 꼴 볼라카나. 내가 누군 줄 알아? 이 양반들아, 내가 이래 비도 넝마주이 동네 왕초야. 날 열받게 하면 넝마주이 패거리 몽땅 델꼬 와서 당신네 뻬쓰 깡그리 요절을 내 줄께!"

내가 왕초 기질을 발휘하여 소매를 걷어붙이고 이렇게 세게 나갔더니 그들이 움칫하더니 "이번만 장례 치르고 다음엔 오지 마세요" 하고는 비켜 주었습니다. 우리는 화장을 치르고 난 후, 훈이 엄마의 재를 보자기에 싸서 제1한강교로 갔습니다. 다리 중간에 머물러 서서 한강 물에 재를 뿌리며 말했습니다.

"훈이 엄마, 한강 따라 넓은 바다로 나가세요. 아이들은 교회서 기를 테니 염려 놓으시고 천국으로 먼저 가서 예수님 나라에서 안식하세요."

그렇게 훈이 엄마를 보낸 후에 나는 기진맥진하여 며칠을 앓아 누웠습니다. 손님이 왔다기에 나갔더니 눈이 파란 서양인 두 사람이 찾아왔습니다. NCC 소개로 왔다며 명함을 주기에 읽어 보니 Community Organizer란 직책 아래 이름이 적혀 있었습니다. 이것이 무얼 하는 자리냐고 물었더니 자신들이 하는 일을 일러 주었습니다.

51
내가 새벽을 깨우리로다

그들이 먼저 나에게 묻기를 솔 앨린스키를 아느냐고 물었습니다. 나는 처음 듣는 이름이라고 답하였더니 Chicago Slum 시카고 빈민촌에서 CO Community Organization 활동을 하는 운동가라 하였습니다. 무슨 말인지 잘 알아듣지 못하겠으니 자세히, 구체적으로 설명해 달라고 하였더니 그들은 Saul Alinsky에 대하여, CO 활동에 대하여 자세히 일러 주었습니다.

그들의 설명으로는 앨린스키는 시카고 슬럼 지역으로 들어가 빈민들을 의식화하고, 의식화된 주민들을 조직화하여, 그 조직된 힘으로 그들의 잃어버린 인권을 회복하였다는 것입니다. 그래서 그들의 인간다움을 되찾고 시민으로서의 당당한 삶을 누릴 수 있게 한 조직 운동가 Organizer라 하였습니다. 앨린스키가 주창하고 행동한 운동의 핵심은 힘은 민중 속에 있다 Power is in People는 말이라 하였습니다.

힘은 민중 속에 있다. 민중들이 깨우치고, 깨우친 민중들이 힘을 모아 조직화되고, 그 조직된 힘으로 자신들의 잃어버린 권리를 찾게 한다는 말이 나에게는 신선하게 다가왔습니다. 나는 그들의 이론에 설득되어 그들을 지역 안의 곳곳을 자세히 안내하였더니 한 명이 나에게 격앙된 목소리로 말했습니다.

"This is hell!! What are you doing Here? Please Conscientize, Organize, Demonstrate!!"

"이곳은 지옥이다! 왜 가만있느냐? 이들을 깨우쳐 의식화하라, 조직화하라, 그리고 시위를 일으키라!"는 말이 나에게는 새로운 도전으로 가슴에 닿았습니다. 그들은 3일을 마을에 머물며 솔 앨린스키의 민중 의식화 방법과 조직화 이론, 그리고 주민들의 요구를 내세워 데모를 주도하는 방법 등을 일러 주었습니다.

그들이 떠난 후에 일주일쯤 장고長考한 후에 우선 청계천 빈민촌 주민들을 조직화하는 일부터 시작하였습니다. 믿음직한 사람들을 중심으로 〈청계천 판자촌 주민회〉를 조직하여 회장, 부회장, 총무 등을 그들의 투표로 선발하고 주민회 산하에 5분과를 두어 주민 활동을 시작하였습니다.

1) 주민교육부
2) 건강관리부
3) 소득사업부
4) 자활기동대
5) 방범대

이렇게 주민회 산하의 5분과로 구성하고 주민들의 자발적인 참여로 판자촌 주민들의 자치 활동을 일으키는 일에 몰두하였습니다.

지역사회 조직 활동이 활성화 되어가니 교회당이 월요일에서 토요일까지 주민 대표들이 들락날락하며 무언가 큰일이 이루어지는 듯하였습니다. 나는 그런 변화에 마음이 고조되어 진작에 이런 식으로 할 걸 하는 마음에 뿌듯하여졌습니다. 그러나 그런 변화 뒷 그늘에 숨어 있는 어두운 그림자를 나는 미처 보지 못하였습니다.

52
내가 새벽을 깨우리로다

하루는 저녁나절 활빈교회 교회당에서 청계천 판자촌 주민회가 열렸습니다. 회의 분위기가 시작 전부터 술렁이더니 주민회 회장의 사회로 회의가 시작되자 회원 중 일부가 작심한 듯이 거칠게 발언하기 시작하였습니다. 시작은 이랬습니다.

"다른 회의하기 전에 회장의 부정부패 부터 밝혀야 합니다."

이렇게 시작하니 참석자들 중에 일부가 호응하고 나섰습니다.

"옳소. 따질 것부터 따집시다."

그러자 회장이 발끈하여 말했습니다.

"뭬이라고. 부패가 있다고. 이 동네서 부패할 건덕지가 어디 있다고 그래. 괜히 생사람 잡을려고 억지야. 차제에 밝힐 건 밝히자. 나도 좋다."

이렇게 되니 좌중이 삽시간에 양 파로 나뉘어져 분위기가 험하여

져 갔습니다. 빈민촌에는 호남 출신들이 제일 많습니다. 주민회 회장 선거할 때에 호남 출신 후보자가 회장으로 당선될 듯하니 경상도 출신 입후보자가 충청도, 강원도 사람들을 끌어들여 결국 투표 당일에는 경상도 입후보자가 당선되었습니다. 그 일로 주민회 조직 내에 양 파가 서로 갈등이 있었던 것 같습니다.

나는 그런 분위기를 감지하면서도 이런 자리에서까지 경상도와 전라도가 다투어서야 되겠냐 하는 생각에 문제를 그냥 묻어 둔 채로 주민회 활동을 뒷바라지하여 왔습니다. 그런데 급기야는 회의에서 양편이 부딪히고 말았습니다. 이렇게 되니 회장을 반대하는 편에서 일어서더니 성토하는 목소리로 발언하였습니다.

"회장이랍시고 교회에서 밀어주는 자금을 가지고 노상 술이나 마시고 다니며 거드름을 피우니 더 두고 볼 수 없습니다. 차제에 회장을 투표로 바꿉시다."

이러고 나오니 찬성파, 반대파가 수라장이 되었습니다. 회장이 팔을 걷어붙이고 나서며 말했습니다.

"뭬이라고? 내가 공금으로 술 먹고 다닌다고? 술을 먹으면 내 돈으로 먹지 공금으로 먹겠냐?"

하니 다른 편에서 또 받아칩니다.

"니가 무슨 돈이 있어 그렇게 밤낮 술을 퍼먹냐?"

그렇게 다툼이 이어지더니 끝판은 엄청난 비극으로 끝나게 되었습니다.

화가 머리끝까지 난 회장이 "그래, 내가 공금을 먹었다고?" 하며 격앙된 표정으로 밖으로 나가더니 부엌칼을 가지고 나타났습니다. 손에 칼을 든 그를 보고 모두 질겁을 하여 "저 손에 칼 뺏어라! 어서 뺏어!" 하며 허둥대는데 그는 회의장 가운데로 나오더니 자신의 윗도리를 들어 올리고 배가 나오게 하더니 악에 받쳐 소리 질렀습니다.

"내가 돈을 먹었음 내 뱃대지에 돈이 들었겠제." 하며 칼로 자신의 배를 갈랐습니다. 피가 튀면서 창자가 나오게 하더니 "두 눈으로 똑똑히 봐라. 내 창새기에 돈이 들었냐?"

나는 질겁을 하여 얼른 큰길로 나가 택시를 잡아 가까운 병원인 한양대학 부속병원 응급실로 데려갔습니다.

53
내가 새벽을 깨우리로다

워낙 서둘러 한양대학 병원 응급실로 간지라 창자를 밀어 넣고 수술하여 목숨을 살릴 수 있었습니다. 그런데 그렇게 살게 된 다음에 문제가 일어났습니다. 마을 사람들이 위문차 가서 머리맡에 얼마씩 놓고 오곤 하였습니다. 그 돈이 얼마 모이고 나니 밤 10시가 지나 한양대학병원 앞 포장마차 집으로 가서 소주를 홀짝홀짝 마셨습니다. 술에 취하여 신라의 달밤 노래를 부르며 수술한 자리가 가려우니 소독도 안 된 손으로 북북 긁으며 병실로 돌아왔습니다.

간호사가 질겁을 하여 "수술한 분이 그렇게 술을 마시면 안 됩니다. 그리고 꿰맨 상처를 그렇게 긁으면 상처가 덧나게 되어 위험합니다." 하고 만류하니 기분이 최고로 좋아진 이 사나이는 간호사에게 호기 있게 말했습니다.

"시끄러 이 가시나야. 아프면 내가 아프지 니가 아프냐? 내가 니 서방이라도 되는 기여, 뭐이여."

그는 간호사를 밀쳐내고는 침대에 누워 노랫가락을 흥얼거리다 잠들었습니다. 그러기를 몇 차례 하는 동안에 상처 부위가 감염이 되어 상황이 심각해졌습니다. 얼마 지나지 않아 상처가 곪아 수습할 수 없는 지경이 되었습니다. 급기야는 생명이 위독한 처지에까지 이르더니 끝내 숨을 거두고 말았습니다.

시체가 나오면 상황은 심각하게 됩니다. 그런 처지에 이르게 만든 상대편에 대한 적개심에 민심이 부글부글 끓어오르게 되면서 마을 분위기가 살기殺氣가 띠게 됩니다. 나는 마을에 큰 불상사가 나지 않게 하려고 3일간 금식기도를 드리며 마을 분위기를 가라앉히는 일에 성심을 다하였습니다. 시체를 정성스레 염을 하고는 벽제 화장터로 가서 화장을 치르고 사자死者의 고향인 경북 칠곡까지 가서 매장하였습니다.

주민회 회장의 장례식을 치르고 난 후 나는 무기력 상태에 빠졌습니다. 나의 선교 활동이 의미가 있는 것인지 헛수고하고 있는지에 대한 갈등에 빠졌습니다. 강대상 아래 무릎을 꿇고 앉아 멍하니 있다가 정신이 들면 기도하다를 되풀이하며 예수님께 되풀이, 되풀이 물었습니다.

"예수님, 사람을 살리려고 이 마을에 들어와 살리지는 못하고 죽게 하였습니다. 예수님, 저가 이 일을 계속할 수 있겠습니까? 모든 일을 멈추고 신학교 기숙사로 되돌아가야 할까요? 솔 앨린스키의 말에 감동하여 열정을 품고 일하였는데 빈민촌에 분쟁만 일으키게 되고 결국은 사람 죽게 하고 마을은 두 패로 나뉘어져 서로 간에 적개심으로 으르렁대고 있습니다. 예수님, 제 길을 알려 주십시오."

나는 식음을 전폐하고 그냥 기도하였습니다. 며칠이 지난 후 마음에 평정심平靜心이 임하고 새롭게 시작하자는 결심이 솟아올랐습니다. 그만둘 것이 아니라 제대로 하자, 솔 앨린스키가 아니라 예수님의 방법을 따라 다시 시작하자는 마음이 들었습니다.

주민회를 해체하고 다시 판자촌 집집을 일일이 방문하며 처음 시작하던 때의 마음과 방법을 따라 다시 시작하였습니다. 나는 이전보다 훨씬 겸손하여지고 신중하여졌습니다. 가정 가정을 날마다 방문하여 환자들을 위해 기도드리고 그들을 병원으로 모시고 가고 청소년들의 학교인 배달학당倍達學堂 운영에 정성을 다하였습니다. 차츰차츰 마을 사정이 안정을 회복하여 가게 되었습니다.

54
내가 새벽을 깨우리로다

나는 청계천 판자촌에서의 선교 활동이 워낙에 리얼하였던지라 날마다 일기를 적기 시작하였습니다. 그런데 하루는 CBS 기독교 방송에서 신앙 수기 모집을 한다는 광고를 읽고 상금이 무려 1천만 원이란 점에 눈이 확 띄었습니다.

선교 활동에 이런저런 일로 빚이 쌓여가던 때여서 1천만 원 상금을 받으면 빚을 갚는 데에 큰 몫을 할 수 있겠다는 생각이 들었습니다. 그날로 일기장을 들고 한 여관으로 가서 일주일간 들어앉아 신앙 수기를 원고지 800장으로 썼습니다. 기독교 방송에 우송하고는 일등으로 선정되면 1천만 원을 사용할 용도까지 계획을 세워 놓고 발표를 기다렸습니다.

그러나 발표하는 날에 내 이름이 없었습니다. 나는 크게 실망하였지만 어쩔 수 없는 일이어서 그냥 지나갔습니다. 그런데 홍성사의 이재철 사장을 만나 식사하며 이야기를 나누는 기회가 있었습니다. 이재철 사장은 훗날에 훌륭한 목사가 되었습니다만 그 시절에는 출판사와 여행사를 경영하는 기업인이었습니다.

식사하며 이야기를 나누는 중에 기독교 방송의 신앙 수기 모집에 응모하였지만 낙선한 이야기를 하였습니다. 이야기를 들은 이재철 사장이 "그 원고를 한 번 볼 수 없겠느냐?" 하기에 방송국에 원고를 보내 버렸으니 나에게는 그 원고가 없노라 하였습니다. 이 사장 말이 그렇게 출품한 원고는 1년 정도 보관하는 것이 관례이니 방송국에 본인이 가면 찾을 수 있을 것이라 하기에 방송국으로 가서 원고를 찾아와 이재철 사장께 맡겼습니다.

얼마 후 이재철 사장이 만나자는 연락이 왔기에 만났더니 말했습니다.

"전도사님, 이 원고 대단한 내용입니다. 우리 출판사에서 출판할 수 있도록 허락해 주십시오."

나는 대수롭지 않게 "그럴 수 있으면 좋지요. 그러나 방송국에서도 뽑히지 않은 내용인데 홍성사에서 출판하여 손해 보지 않을까요?" 하고 걱정스런 마음으로 말했습니다.

"아닙니다. 좋은 책이 될 것입니다. 전도사님이 조금만 더 보완해 주면 우리가 출판토록 하겠습니다." 하기에 그러기로 하고 원고를 가져와 다시 한번 차근차근 읽으며 빠진 부분, 제하여야 할 부분을 보완하고 있었습니다.

노무라 목사 부부

그때 일본의 노무라 목사가 청계천으로 와서 며칠 머무는 중에 내가 원고를 손질하는 모습을 보고 무슨 글이냐 묻기에 자초지종을 일러 주었더니 자기가 일본으로 원고를 가져가서 일본에서 출간될 수 있도록 힘써 보겠노라 하였습니다. 그러나 문제는 내가 아직 정치적으로 묶인 몸이어서 활빈교회에 드나드는 인사들에 대한 사찰이 심한 터여서 원고지를 가져갈 수 있겠느냐 하였더니 좋은 방법을 찾아보자 하였습니다.

55
내가 새벽을 깨우리로다

　노무라 목사가 찾아낸 방법이 그럴듯하기에 원고지를 복사하여 맡겼습니다. 노무라 목사는 시장에 가서 김을 잔뜩 사가지고 와서 김 한 장마다 원고지 한 장씩을 넣는 방법으로 짐을 꾸렸습니다. 그가 공항을 통과할 때 일본인이 한국 방문에서 김을 구입하여 가는 것으로 알고 그냥 통과될 수 있었습니다.

　일본에서 한국어를 공부한 일본인 여성을 찾아내어 저의 원고를 번역하여 즉시 출판하였습니다. 그래서 『새벽을 깨우리로다』는 일본에서 먼저 출판되었습니다. 이어서 홍성사에서 출판되었습니다. 일본에서도 한국에서도 독자들의 반응이 좋아 양쪽에서 베스트셀러 자리에까지 오르게 되었습니다. 뒤이어 영어, 독일어, 러시아어, 아랍어에 이르기까지 7개국으로 번역 출간이 되었습니다.

　생각해 보면 참으로 감사할 따름입니다. 나를 가장 기쁘게 하는 것은 그 책을 읽고 감명을 받아 예수님을 믿게 되었다는 말을 들을 때입니다. 책이 출간되고 몇 해 후에는 영화로 나오고 방송국에서 드라마로 상영되기도 하였습니다. 이 책이 영화로 촬영되던 때의 이야기입니다.

나의 역할을 맡은 남자 주연이 임동진 배우, 나의 아내 역할은 배우 김자옥이 맡아 청계천 빈민촌과 조건이 흡사한 서울 변두리 지역에서 열심히 촬영하고 있었습니다. 그런데 『새벽을 깨우리로다』 제목으로 영화를 촬영하던 때는 내가 남양만 갯벌에서 농사짓고 있었는데 그곳으로 감독이 찾아왔습니다.

"목사님, 영화를 촬영하던 중에 꼭 드릴 말씀이 있어 찾아왔습니다."

하기에 웬만하면 전화로 하지 이 멀리 찾아오기까지 하였느냐 하였더니 감독은 꼭 뵙고 드릴 문제라서 촬영 도중에 찾아왔다고 하고선 내게 물었습니다.

"목사님, 이 책 이름 『새벽을 깨우리로다』가 성경에서 따온 이름이지요?"

"그렇습니다. 시편 57편 8절에서 따온 이름입니다."

"목사님, 이 영화는 크리스천들만 관람할 영화가 아니고 국민들이 함께 관람할 텐데 성경에서 따온 이름이 아닌 일반적인 이름으로 변경하면 어떨런지요?"

"어떤 이름으로 고칠 수 있을까요?"

영화로 만들어진 『새벽을 깨우리로다』

"목사님, 예를 들어 『새벽을 깨우는 사나이』 이런 식의 이름이 어떨런지요?"

나는 정중히 거절하면서 그에게 사연을 일러 주었습니다.

56
내가 새벽을 깨우리로다

나는 감독에게 영화의 제목을 『새벽을 깨우리로다』에서 고치면 안 되는 이유를 일러 주었습니다. 그에게 한恨을 품고 죽은 훈이 엄마의 이야기를 들려주며 내가 그녀의 시신을 업고 서울운동장에서 한양대학 뒤편에 있는 판자촌 마을로 걸어 들어가던 때에 그녀가 내 등에서 숨을 거둔 사연을 일러 주고, 지치고 지쳐 성동교 다리 난간에 시신을 걸쳐 놓고 정신없이 앉아 있을 때 들었던 하나님의 세미한 음성을 일러 주었습니다.

그날 밤 받은 말씀이 『새벽을 깨우리로다』의 성경말씀인 시편 57편 7절과 8절의 말씀임을 일러 주었습니다. 그러니 영화의 내용은 사정 따라 고쳐도 되지만 제목만큼은 고치지 말아 달라고 청하였습니다. 그래서 영화 제목이 『새벽을 깨우리로다』 그대로 남을 수 있었습니다.

책이 한국에서 출판되기 전에 일본에서 먼저 출간되어 베스트셀러에 오른 후 일본 독자들의 초청으로 일본을 방문케 되었습니다. 나는 동경의 노무라 모토유키 목사의 집에 머물면서 일본의 독자들을 만나 좋은 사귐을 나눌 수 있었습니다. 나는 일본인들의 예절 바름, 친절함, 상대에 대한 배려심 등에 감명을 받았습니다. 특히 노무라 목사의 헌신적인 도움은 평생 잊지 못할 도움이었습니다.

노무라 목사와 일본의 독자들은 나를 일본의 평신도 성경학자였던 우찌무라 간죠 선생의 묘지로 안내하였습니다. 그는 죽기 전에 자신의 묘비를 스스로 써서 남겼습니다. 동경 교외에 위치한 그의 묘 앞에는 그가 쓴 묘비 문이 일본어와 영어로 새겨져 있습니다.

I for Japan
Japan for the World
The World for Christ
And All for God

나는 일본을 위한 나다
일본은 세계를 위한 일본이다
세계는 그리스도를 위한 세계이다
모든 것은 하나님을 위한 것이다

57

내가 새벽을 깨우리로다

　일본이 메이지 유신에 성공한 해는 1868년입니다. 메이지 유신 이후 일본이 아세아에서 먼저 서양 문물을 받아들여 아세아 국가 중에서는 먼저 근대화에 성공하였습니다. 그 후 100년이 지난 후 일본 정부는 일본 역사에 기여한 100명의 인재를 선정하면서 우찌무라 간죠 선생을 100명 중 한 분으로 선정하였습니다. 그리고 그를 선정한 이유를 적으면서 일본 민족주의와 기독교를 통합시킨 인물이라 적었습니다.

　그는 사무라이 가정의 아들로 태어나 크리스천이 된 후에 미국으로 가서 신학을 공부하였습니다. 미국 유학을 마치고 돌아오면서 말했습니다.

"미국이 기독교 국가란 것과 미국인들이 성경의 가르침대로 산다는 것은 다르더라. 복음은 국경이 없는 우주적인 복음이지만 크리스천들에게는 자신이 섬겨야 할 조국이 있다. 미국 크리스천들은 미국을 섬기는 것이고 일본 크리스천들은 일본을 섬기며 신앙을 실천하는 것이다. 일본이 서구 문명을 받아들여 근대화를 이룬 후에 동양 평화에 기여해야 하는데 서구 제국주의처럼 동양인들을 괴롭히게 되면 하나님께서 일본 하늘에 불벼락을 떨어뜨릴 것이다."

일본은 그의 예언대로 2차 대전을 일으켰다가 나가사키 히로시마에 원자탄이란 불벼락이 떨어졌습니다.

『새벽을 깨우리로다』는 연이어 국내에서 출간하게 되었습니다. 홍성사 이재철 사장의 배려로 국내에서 출간되자 독자들의 반응이 좋아 지금까지 120쇄에 이르렀습니다. 뒤를 이어 영어, 독일어, 스페인어, 중국어에 이어 아랍어와 러시아어에 이르기까지 출간되었습니다. 러시아에서 번역 출간되자 러시아의 독자들이 나를 초청하였습니다.

모스크바에서 독자와의 만남을 통해 좋은 시간을 가지는 틈틈이 러시아를 살펴볼 수 있었습니다. 그때 나를 안내한 러시아인이 모스크바 대학 러시아어과를 졸업한 분이었습니다. 그는 나를 안내하는 동안 조국 러시아에 대한 긍지와 연민을 들려주었습니다. 그는 러시아를 설명하면서 러시아의 국민시인 國民詩人 푸쉬킨의 러시아에 대한 시를 일러 주었습니다.

러시아는 입으로 설명할 수 없다
러시아는 머리로 이해할 수 없다
러시아는 가슴으로 느낄 따름이다

58
내가 새벽을 깨우리로다

1975년 가을이 되면서 청계천 판자촌 전면 철거 이야기가 나돌기 시작하였습니다. 정부 방침은 판자촌 모두를 철거하고 그 자리에 지하철 정비창을 짓는다는 계획이었습니다. 철거민들에 대한 서울시의 지원은 단돈 15만 원이라 하였습니다. 나는 교회에 주민 대표들을 모아 철거에 대한 대책 회의를 열었습니다. 강경파, 온건파로 나뉘어져 몇 시간 이야기를 나누었지만, 뾰족한 대안이 나올 리 없었습니다. 나는 지역 국회의원인 박○○ 의원을 찾아갔습니다. 그는 정치외교학 교수 출신이었기에 이야기가 통할 것 같아 그를 만나 따졌습니다.

"힘없는 빈민들이지만 엄연한 대한민국 국민인데 그렇게 대책 없이 강제 철거할 수 있습니까? 정부가 이렇게 갑작스레 판자촌을 없애려는 의도가 무엇입니까?"

나는 박 의원의 솔직한 말을 듣고 놀라서 할 말을 잊었습니다.

"문제는 판자촌 주민들의 정치적 성향입니다. 정부가 염려하는 것은 만약에 6·25 전쟁 때처럼 북이 쳐내려오면 판자촌 주민들이 어느 편을 들 것인가를 염려합니다."

"도대체 그기 무슨 말이에요? 전쟁이 나면 우리 판자촌 주민들이 어느 편을 들 것인지가 염려된다는 말이 무슨 뜻입니까? 당연히 대한민국 편이지 어느 편이 될지 모른다는 말이 이해가 안 되네요."

"그 말에 자신이 있습니까? 정보기관의 분석 보고로는 그렇지 않을 수도 있다는 내용입니다. 정부는 베트남 전쟁의 경우를 들어 염려하는 것입니다. 사이공이 갑작스레 무너질 때에 사이공 시내에 있는 쵸론 빈민촌 지역에서 베트콩들이 숨겨두고 있던 무기를 들고 베트콩들과 주민들이 대거 쏟아져 나와 이를 감당 못 한 베트남군 전선이 무너지면서 사이공이 삽시간에 공산당 천지가 되었습니다. 사이공의 경우를 생각하여 북의 침공이 있을 때 청계천 12,000세대 빈민촌의 동향을 안보 차원에서 염려하는 것입니다."

나는 그의 말에 분개하여 반박하였습니다.

"어떻게 그런 생각을 할 수 있습니까? 아무리 하루하루 끼니를 염려하며 살아가는 사람들이지만 나라를 생각하는 애국심에서는 일반 국민들과 다름이 없습니다. 그런 염려에서 갑작스레 철거한다는 것이 말이 되지 않습니다."

"그 이유만이 아니고 지하철 공사로 인하여 나온 안인데 그렇게도 생각할 수 있다는 것입니다."

59
내가 새벽을 깨우리로다

나는 박 의원과의 대화를 통하여 청계천 빈민들의 미래가 험난하겠다는 생각을 하게 되었습니다. 다시 마을 대표들을 교회에 소집하여 대책 회의를 열었습니다. 시청으로 쳐들어가 시장실을 점령하고 농성하자는 파, 대안을 제시하여 관철시키자는 파, 그리고 성동교를 점거하여 차량 통행이 불통하게 하자는 파 등으로 나뉘어져 밤새워 논의하여도 결론이 나오지 않았습니다.

그나마 결론으로, 시청에 대안을 제시하여 살길을 열어나가게 하도록 김진홍 전도사에게 위임하자는 것으로 마무리되었습니다. 나는 다음 날부터 대표급 몇 명으로 위원회를 구성하여 대안代案, Alternative을 구상하는 일에 몰두하였습니다. 가장 우세한 안이, 농촌에서 살길을 찾아 지게꾼이라도 되어 살자고 서울로 올라온 사람들이니 다시 농촌으로 내려가 농사짓고 살아가자는 의견이었습니다.

농촌으로 집단 귀농하여 농사짓고, 세금도 내고, 자립하여 살 것이니 입주할 농토를 배정하여 달라고 정부에 요청하자는 안이었습니다. 그런데 문제는 우리가 함께 귀농하여 농사지을 만큼 넓은 농토가 어디에 있느냐는 문제였습니다.

판자촌 주민들은 거의 농촌에서 상경한 사람들입니다. 농사꾼으로 살다 서울에서 지게꾼이라도 하며 살자고 서울로 온 분들인데 시절이 바뀌어 지게꾼 일은 용달차에 뺏기고, 하는 수 없이 노점상이라도 하며 살자고 판자촌에서 살아가는 분들인데 그나마 지하철 부지에 집터까지 뺏기게 되니 살길이 막막해졌습니다.

그래서 차라리 농촌으로 가서 농사짓고 살자는 결론에 이르렀는데 막상 농촌으로 가려니 돌아갈 농토가 없었습니다. 이 문제를 놓고 토론하던 중에 휴전선 부근에서 군 복무를 하였던 분이, 휴전선 부근에는 농사짓다 묵혀 있는 농토가 많으니, 정부에 건의하여 휴전선 근방의 땅을 배정해 달라고 건의하자는 안을 제안하였습니다.

그 안에 다수가 찬성하기에 나는 주민 대표 몇 분과 함께 건의서를 작성하여 서울시청과 청와대로 등기 편지로 보냈습니다. 그런데 그 건의서가 그렇게 큰 풍파를 일으킬 줄은 상상도 하지 못했습니다. 편지를 보낸 지 며칠이 되지 않아 새까만 찝차가 3대나 판자촌으로 들어오더니 험악한 인상의 남자들이 김진홍을 찾았습니다.

김진홍을 찾는 그들에게 "내가 김진홍이요. 왜 그러세요?" 하였더니 무조건 수갑부터 채우고 찝차에 태워 남산 중턱에 있는 이름 모를 건물의 지하실로 데려가더니 책상 위에 우리가 보낸 건의서를 내놓고는 물었습니다.

"김진홍, 이런 건의서를 올린 저의가 무엇이야?"

하도 겁을 주며 강압적으로 묻기에 "아니 당신들 한글을 모르요. 그 안에 이유를 죄다 썼는데 왜 그러세요?"라고 대답하였더니 상상도 못 하였던 질문으로 나를 겁박하였습니다.

"야 김진홍, 너 빈민들을 데리고 휴전선 부근에 근거지를 만들어 놓고 있다가 거기서 집단으로 월북하려는 거 아니야?"

나는 그 말을 듣고 웃음이 나왔습니다.

"당신들 참 머리 좋수다. 우리는 그런 생각은 상상도 못 하고 그냥 농사짓고 살 땅을 찾은 것인데 당신들은 어떻게 그런 생각까지 하는 거요? 당신들이 그런 생각을 한다면 휴전선에서 멀리 떨어진 제주도든, 전라도든, 경상도든 어디든 농사짓고 살 땅만 찾아 주시오."

나는 이틀 동안 잠도 못 자고 시달리다 겨우 마을로 돌아올 수 있었습니다.

60
내가 새벽을 깨우리로다

우여곡절을 거쳐 배정받은 땅이 경기도 화성군 남양만 간척지였습니다. 경기도 화성군에 있는 남양만은 갯벌을 막아 농지와 호수로 만든 땅입니다. 갯벌을 막아 새로 조성된 농토가 무려 960만 평에 이르는 넓은 곳입니다. 그곳에 1,200여 세대가 입주하여 15개의 마을을 이루어 살게 하자는 계획인데 청계천 판자촌 철거민들도 그곳으로 입주케 되었습니다.

먼저 50세대를 1차로 선발하여 남양만 현지로 이주하였습니다. 주택이 지어지기 전이어서 천막을 치고 공동생활을 하면서 개척자들의 삶이 시작되었습니다. 임시로 거주할 천막을 치고 화장실을 지었습니다. 그리고 예배처를 세웠습니다. 문제는 남양만 간척지가 소금 땅이어서 벼농사를 지을 수 있느냐가 문제였습니다.

입주민들이 예배처에 모여 올해 농사가 가능할 것인가를 논의하는 자리가 열렸습니다. 일부는 아직 염도가 높아 벼농사가 불가능하다는 주장이었고 일부는 그렇다면 우리 신세가 어떻게 되겠느냐, 서울 판자촌에서 빈손으로 내려와 벼농사를 못 지으면 가을에 가서 떼거

남양만 간척지를 바라보고 있는 김진홍 목사

지가 날 것인데 김진홍 전도사가 거지 대장할 것이냐고 발언하였습니다. 긴 시간 동안 갑론을박하다 내린 결론이 있었습니다.

"죽기 아니면 까무러치깁니다. 농사가 되고 안 되고는 하늘에 맡기고 우리는 도전합시다. 될 줄로 믿고 나갑시다. 우리가 여기까지 와서 서울로 되돌아갈 수도 없고 가봐야 있을 것도 없잖아요. 그러니 여기서 승부를 겁시다."

"아멘 믿습니다. 그렇게 합시다."

그래서 우리는 농사지을 준비를 하면서 힘을 모았습니다. 갯벌에 정치망 그물을 치고는 하루 2차례 썰물이 나간 후에 그물에 걸린 생선들을 거두어 오고 채소가 없으니 아카시아 잎을 따오고 길가에 흔한 질경이, 고들빼기 같은 나물을 채취하여 큰 가마솥에 보리쌀 몇 말을 넣고 끓여 꿀꿀이죽처럼 하여 끼니를 해결하며 지냈습니다.

모내기 철이 되어 조별로 편을 짜서 일을 분담하여 열심히 일했습니다. 간척지 농사가 성공하려면 비가 자주 와서 논바닥에 소금기를 줄여 나가야 합니다. 그러나 그해 따라 가뭄이 들어 비가 잘 내리지 않았습니다. 우리 일행 중에는 비가 내릴 기운이 있는지 구름을 살피느라 목이 아프다 하는 분도 있었습니다. 그해에 모를 심으면 죽고 다시 심고 하기를 되풀이하여 모심기를 4번이나 되풀이한 경우까지 있었습니다.

61
내가 새벽을 깨우리로다

어렵게 모내기를 하고 비를 간절히 기다리며 기도하던 중에 기적적으로 큰비가 내려 그해 농사에 성공하여 넓은 들판에 벼가 익어가는 모습을 볼 때의 감격이란 사람의 언어로는 표현하기 어려울 정도였습니다. 하루는 주민 중의 한 분이 햅쌀 한 가마니를 교회로 지고 왔습니다. 교회에 다니지도 않는 분인데 쌀가마니를 매고 왔기에 웬일입니까? 하고 물었습니다.

"우리 집은 조생종자早生種子를 심어서 추수가 다른 집보다 빨리 수확하였습니다. 밥을 해 먹으려니 하늘에 기도하여 이루어진 곡식인데 사람이 먼저 먹어서 되겠나, 하늘에 바치고 나서 먹자는 생각이 들어 처음 수확한 쌀 한 가마니를 예배당에 바치기로 했습니다."

그 말을 듣고 나니 가슴이 뭉클하고 눈물이 나려 했습니다. 그래서 추수감사절 잔치가 생각났습니다. 그래서 차제에 교회와 주민 모두가 한자리에 모여 감사절 잔치를 큰 판으로 열자는 생각이 들었습니다. 나는 큰 절로 감사의 뜻을 전하며 말했습니다.

"엄청 고맙습니다. 그렇게 생각하신 것에 감동이 됩니다. 교회에는

남양만에서
어딘가를
가르키고 있는
김진홍 목사와
노무라 목사

추수감사절 예배가 있습니다. 11월 셋째 주에 드리는데 올해는 앞당겨 10월 첫 주에 드리도록 하겠습니다. 이 쌀로 떡도 하고 햅쌀밥을 지어 동네잔치를 벌입시다. 고맙습니다."

그래서 10월 첫 주에 첫 번째 추수감사절 예배를 드린 후 마을 잔치를 열었습니다. 떡을 하고 바다에서 건진 숭어로 매운탕을 끓여 마을 잔치가 열렸습니다. 마을 사람들 모두가 감격에 넘쳐 "실컷 먹자. 먹다 죽은 귀신은 혈색도 좋다드라"라며 신나게 먹었습니다. 잔치 후 윷놀이 판이 벌어지고 장기 자랑까지 이어져 축제 날이 되었습니다.

활빈교회는 1,200세대 15마을에 일곱 교회를 세우고 교회마다 어린이집을 두어 부부가 아침에 일터로 나갈 때 아이늘을 어린이집에 맡기고 가게 하였습니다. 어린이집 어린이 500명을 교사 27명이 돌보는 큰 사역이 되었습니다. 그리고 교회에서 간호사를 직원으로 채용하여 마을마다, 가정마다 찾아다니며 건강관리에 정성을 쏟았습니다.

그렇게 프로그램을 이어가니 교회가 지역사회 개발의 중심이 되고 주민봉사센터 역할을 하게 되었습니다. 그렇게 2년 가까이 지나니 일곱 교회 모두가 자립하는 교회로 설 수 있었습니다.

62
내가 새벽을 깨우리로다

남양만 간척지에서의 생활이 뿌리를 내려가면서 농촌의 문제를 알아가게 되었습니다. 벼농사만 지어서는 가계 경제를 제대로 이어가기 어렵다는 사실입니다. 수입이 한정되어 있으니 헌금하고 싶어도 헌금할 여유가 없고 자녀들 교육도 경제적 어려움으로 인해 제대로 뒷바라지하기 어려웠습니다. 거기에다 농업협동조합에서는 연방 밀린 납부금을 독촉하는 연락이 이어졌습니다.

나는 청계천 선교에서처럼 남양만 주민회를 조직하고 간척지에 입주한 1,200세대, 15마을 대표들을 모아 주민들의 소득 증대를 위한 방안을 토론하였습니다. 거기서 얻은 결론으로 부업 단지를 조성하자는 결론에 이르렀습니다. 논의를 거듭한 결과 양돈 단지, 젖소 단지, 비육소 단지 등을 세워 공동 운영하여 농민들의 소득을 증대시키고 마을 발전을 이루어 나가자는 결론에 이르렀습니다.

그래서 호주에서 좋은 종자돼지 92마리와 비육소 560두를 도입하여 마을마다 자원 농가들에게 분양하여 축산 단지를 이루기로 하였습니다. 처음엔 잘 진행되었습니다. 그러나 얼마 지나지 않아 돼지고기 파동이 닥쳐와 돼지를 먹이면 먹일수록 빚만 쌓이게 되었습니다.

돼지고기 한 근에 700원은 돼야 사료비가 나오는데 200원에도 팔리지 않았습니다.

거기에다 솟값마저 바닥으로 떨어지게 되니 교회 말을 듣고 축산에 참여한 가정들이 나를 원망하는 지경에 이르게 되었습니다. 내가 가정 방문을 위하여 마을로 들어가면 마을 아낙네들이 내가 듣도록 말하곤 하였습니다.

"김진홍 목사는 생기기도 돼지처럼 생겨서는 돼지, 돼지 한 덕에 그 말 믿고 돼지 먹이다 집구석 망하게 되었다."

나는 그 말을 듣고 민망하여 그런 말하는 아낙들에게 말했습니다.

"그 말은 너무 허요. 내가 잘 생기지 못한 건 나도 알지만, 돼지 닮았다는 건 너무 허요."

아낙네들이 화난 얼굴로 답하였습니다.

"우리 말에 너무 섭섭해 하지 말라요. 화가 나서 그러지. 실제는 목사님 얼굴이 돼지보다는 쪼께 낫습니다."

돼지고기 파동은 날이 갈수록 심하여지고 주민들은 사료 사 올 돈도 없게 되었습니다. 거기에다 돼지가 새끼를 낳을 때면 10 마리, 12 마리씩 쏟아져 나왔습니다. 급기야는 마을 주민들이 감당치 못하게 되어 돼지 새끼 100여 마리를 손수레에 싣고는 갯벌에다 버리게까지 되었습니다. 나는 그런 모습을 보며 '밀물이 밀려오면 저 어린 돼지들이 바닷물에 휩쓸려 떼죽음을 당하겠구나' 하는 생각에 밥맛을 잃을 지경이었습니다.

그러나 정작 밀물이 밀려드니 돼지 새끼들은 한 마리도 죽지 않고 물살을 헤치고는 마을로 돌아왔습니다. 몸에 뻘 칠을 한 돼지 새끼들 100여 마리가 꿀꿀대며 마을을 휘젓고 다니니 열 받은 아낙들이 이 돼지 김진홍 목사께 가져다주자 하고는 손수레에 싣고 교회로 왔습니다. 나는 서재에서 책 읽고 있는데 마을 아낙들이 "목사님 목사님" 하며 부르기에 "예"하며 나갔습니다.

나를 본 아낙들이 "목사님 돼지 좋아하시지요. 이 돼지들 한 끼에 한 마리씩 드시라요." 하며 교회 마당에 돼지 새끼들을 쏟아두고 가버렸습니다. 돼지 새끼들이 배가 고프니까 주방으로 들어오고 예배당 안까지 들어와 꿀꿀대며 돌아다니니 수라장으로 변하였습니다. 그런 모습을 보고는 어머니께서 나를 나무랐습니다.

"김 목사야, 넌 도대체 사람 목사라, 돼지 목사라? 예배당에서 성도들의 기도 소리가 들려야지 돼지 소리만 요란하니 무슨 목회를 이래 하냐?"

"어머니, 참 답답합니다. 돼지 먹여서 잘될 때는 아무도 고맙다는 사람 없더니 안 되니까 나 때문에 안 되는 것도 아닌데 나만 원망하니 참으로 원망스럽습니다."

축산단지를 만들기 위해 수입한 돼지와 소

63
내가 새벽을 깨우리로다

 양돈, 비육소, 젖소 등을 중심으로 하는 남양만 주민 소득 증대 사업이 줄줄이 실패하자 큰 부채가 남았습니다. 그간에 함께 일하던 주민 대표들이 모여 시시비비를 따지게 되니 서로 책임을 전가하느라 감정만 상하고 분위기가 험하여졌습니다. 그런 상태로 계속 나가다가는 아무것도 이루지는 못하고 상처만 남을 것 같아 내가 좌중이 모인 자리에서 선포하였습니다.

 "모든 책임은 맨 처음에 이 일을 시작하자고 나선 내가 책임이 있습니다. 실패한 것도 밑진 것도 내가 다 해결할 테니 각자 제자리로 돌아가 자기 가정을 지키는데 열중하여 주세요. 내가 모두 해결한 후에 다시 모여 시작합시다."

 그렇게 호기를 부리며 끝낸 건 좋았는데 그 후에 일어나는 문제를 감당키 어려웠습니다. 모든 빚을 김진홍 목사가 책임지기로 결정했다는 소문이 퍼지자 빚쟁이들이 나에게로 몰려들었습니다. 채권자들에게 시달리는 일은 겪어 보지 않은 사람들은 상상도 못합니다. 빚쟁이가 되고 나면 인격도, 인권도, 권위도 아무것도 없어집니다. 빚쟁이들이 떼거지로 몰려와 내 빚 언제 갚아줄 거냐? 약속해라, 각서를 써라, 공증하자 등등으로 달려들면 감당하기 어렵게 됩니다. 헤어날 길이 없게 된 나는 교회당 한켠에 있는 기도실로 들어가면서 집사 둘을 불러 일렀습니다.

"집사님들, 내가 이 난국을 내 힘으로는 도저히 헤어날 길이 없게 되었으니 기도실에서 금식하며 하나님을 만나야겠수다. 하나님 만나 응답 받기 전에는 음식은 물론 물도 마시지 아니하고 기도하겠습니다. 하나님 만나기 전에는 방에서 나오지 않을 테니 날 찾지 마세요."

나는 방문을 안에서 잠그고 햇볕이 들어오지 않게 방석으로 창문을 가리운 채로 벽 앞에 앉아 하나님께 호소하였습니다.

"하나님 막막합니다. 억울합니다. 30세에 청계천 빈민촌으로 들어간 후 지금까지 생명을 걸고 열심히 한 것을 하나님은 아시잖습니까? 그간에 내가 돈 만원을 저금했습니까? 땅 한 평을 따로 샀습니까? 10년 세월을 한결같이 일했는데 지금에 와서 내가 어떻게 해야 합니까? 내 사정을 굽어 살펴 주시옵소서."

이렇게 기도를 시작한 나는 기도하다 졸다가, 하나님을 만나지 못하면 이 자리에서 죽겠다는 마음으로 지냈습니다. 그렇게 지나기를 닷새째 되는 날입니다. 집사 한 분이 문을 두드리면서 말했습니다.

"목사님, 목사님, 어떤 자매님이 목사님께 할 말이 있노라고 서울에서 왔습니다. 잠시 만나 주시지요."

그러나 이런 처지에 서울에서 왔다는 여자 만날 생각이 나지않아 "날 찾지 말라 했잖아요. 그냥 돌려보내세요" 했는데도 "멀리서 왔는데 잠깐 만나 보시지요" 하고 권하기에 내가 일러 주었습니다.

"그렇게 꼭 할 말이 있다면 밖에서 말하라 하세요."

밖에서 주고받는 소리가 나더니 젊은 여자 목소리가 들렸습니다.

"목사님, 그러면 밖에서 말씀드리겠습니다."

남양만 농민회관

내 삶을 이끌어 준

여덟 번째 말씀

하나님께 빚진 자

그러므로 형제들아 우리가 빚진 자로되
육신에게 져서 육신대로 살 것이 아니니라 너희가 육신대로 살면
반드시 죽을 것이로되 영으로써 몸의 행실을 죽이면 살리니

(로마서 8장 12~13절)

64
하나님께 빚진 자

"목사님, 김진홍 목사님, 교회에 어려운 일이 있으시지요."
"예, 그렇습니다."
"목사님, 로마서 8장 12절, 13절 말씀을 읽어 보십시오."

나는 이상한 여자란 생각이 들었습니다. 웬 여자가 목사에게 와서 성경 읽으라 할까? 그야말로 귀신 앞에 머리 푸는 식이 아닌가? 좀 모자라는 여자인가 하는 생각에 기분이 좋지 않았습니다. 그러나 막상 성경 몇 장 몇 절을 보라는데 안 본다고 할 수 없는 일이어서 불을 켜고 로마서 8장을 찾아 읽었습니다. 5일간 캄캄한 방에 있었기에 성경이 처음엔 글자가 잘 보이지 않았습니다.

눈을 부비며 마음을 모아 읽었습니다. 그러나 그 말씀이 내 인생을 변하게 할 줄이야 상상이나 했겠습니까? 간단한 말씀이지만 그 말씀이 내 가슴에 닿는 순간 나에게는 지진과 같은 큰 울림이 왔습니다.

"그러므로 형제들아 우리가 빚진 자로되 육신에게 져서 육신 대로 살 것이 아니니라 너희가 육신대로 살면 반드시 죽을 것이로되 영으로써 몸의 행실을 죽이면 살리니"

이 말씀을 읽을 때 먼저 '빚진 자'란 말이 눈에 들어왔습니다. '빚진 자'란 말을 읽으면서 '성경에도 빚진 자에 대한 말씀이 있네'라고 생각하며 이어서 읽었습니다. 다음 말씀인 '육신에게 져서 육신대로 살 것이 아니라'는 말씀을 대할 때에 내 마음에 깨우침이 임했습니다.

'아하, 내가 빚져서 빚잔치하게 된 것이 하나님께서 기뻐하시는 목회가 아니었구나'하는 생각이 들었습니다.

'신도들에게 말씀을 제대로 전하지 아니하고 영적인 욕구를 채워주지 아니한 채로 소득 증대에만 매달려 뛰어다닌 나날의 삶이 하나님 보시기에는 바람직스럽지 못하였구나' 하는 생각이 들었습니다. 성령의 깨우침이었습니다. 목회자의 본질에서 벗어나 비본질적인 일에 분주히 뛰어다녔다는 깨달음이 가슴에 절실하게 다가왔습니다.

그러나 그런 깨달음이 왔다 하여 빚이 없어지는 것은 아니었습니다. 그다음 말씀인 로마서 12장 13절을 읽을 때에 빚 갚는 방법까지 깨닫게 되었습니다. 내 평생토록 잊지 못할 말씀이 되었습니다.

"너희가 육신대로 살면 반드시 죽을 것이로되"

이 말씀이 내 마음에 깊게 다가왔습니다.
'김진홍 목사야, 네가 기도하지 아니하고, 성령님 의지하지 아니하고, 말씀을 따라 살지 아니하고, 농민들의 소득 증대, 경제 향상에 매달려 살면 반드시 실패할 것이다. 그것이 삶의 본질이 아니다. 목회의 핵심은 더 깊은 곳에 있다.'

무엇이냐?
"영으로써 몸의 행실을 죽이면 살리라"

너의 농민 목회가 농민들의 영적인 필요를 먼저 채워 주는 목회가 되면 살 길이 열릴 것이다. 농민도 살리고 너 자신도 사는 목회가 되어질 것이다.

65
하나님께 빚진 자

절체절명의 위기에서 로마서 8장 12절과 13절의 말씀을 통하여 큰 깨달음을 얻고 새 힘을 얻은 나는 감격의 눈물을 흘렸습니다. 기쁨과 함께 나의 영혼과 정신을 억누르고 있던 빚더미의 짐이 툭 떨어지고 편안한 마음이 되었습니다. 그날이 금요일이었습니다. 2일 후 주일 예배에서 나는 교인들 앞에서 편안한 마음으로 말했습니다.

"여러분들, 목사인 내가 잘못하여 교회 전체가 큰 어려움을 당하였습니다. 이번 주에 목숨 걸고 금식하며 기도하던 중에 성령께서 말씀을 통하여 나에게 위로하시고 힘주시고 가로막힌 벽을 헤치고 나갈 길을 열어 주셨습니다. 여러분! 목사인 내가 영적인 일에 게을리하고 주민 봉사네 소득 증대네 하며 기도도 하지 못하고, 말씀 묵상도 게을리하고, 성령님 의지하지 아니한 채로 세상적인 목회를 하여 하나님께서 기뻐하시지 않으셨습니다. 여러분, 이제 새로 시작합시다. 성령님 의지하고 말씀 붙들고 기도하며 새롭게 시작합시다. 하나님께서 우리를 어여삐 여기셔서 인도하여 주실 줄 믿습니다."

내가 눈물을 글썽이며 이렇게 말하니 교인들이 울며 응답하였습니다.

"목사님 억울합니다. 목사님이 농민 살린다고 밤낮으로 일하셨는데 세상에 목사님이 만져 보지도 못한 돈을 모두 목사님께 뒤집어씌우고 목사님만 욕먹게 하니 너무나 억울해요."

이런 말 하는 교인들에게 내가 일러 주었습니다.

"아닙니다. 억울한 일이 아닙니다. 이번 일은 하나님께서 나에게 정신 차리고 바로 하라고 깨우쳐 주신 겁니다. 이제부터 우리가 정신 차리고 바로 하면 시련이 변하여 축복이 될 것입니다."

이렇게 말하고 찬송가 280장을 함께 불렀습니다. 울면서 불렀습니다. 강대상 위에 나도 울고 강대상 아래 교인들도 울며 불렀습니다.

1) 천부여 의지 없어서 손들고 옵니다
   주 나를 외면하시면 나 어디 가리까

(후렴) 내 죄를 씻기 위하여 피 흘려주시니
곧 회개하는 맘으로 주 앞에 옵니다

2) 전부터 계신 주께서 영 죽을 죄인을
   보혈로 구해 주시니 그 사랑 한없네

3) 나 예수 의지함으로 큰 권능 받아서
　　주님께 구한 모든 것 늘 얻겠습니다

우리는 모두가 손을 든 채로 울면서 부르고, 부르고, 또 불렀습니다. 온 교회가 은혜 충만한 교회로 변화되기 시작하였습니다.

그렇게 은혜로운 예배를 드리고 난 다음 날부터 빚 갚는 기적이 연이어 일어났습니다. 나는 빚을 갚아야 할 집들을 한 집 한 집 찾아다니며 갚아주었습니다. 그로 인하여 감동하여 교인이 된 가정들이 여러 가정이 되었습니다.

그때 빚 갚게 된 이야기를 하자면 아마 책 한 권을 따로 써도 될 것입니다. 우리들 크리스천들은 어떤 일에나 먼저 하나님의 인정을 받아야 합니다. 하나님의 인정을 받게 되면 세상일은 물 흐르듯이 풀려나가게 됩니다.

66
하나님께 빚진 자

농민들과 함께 살면서 가장 아쉬움을 느끼게 된 것이 있습니다. 공동체 정신이 부족한 점입니다. 우리 주민들에게 배정된 논은 평균 1정보, 3,000평인데 그 넓이로는 열심히 일해 보았자 가난을 면하기 어려웠습니다. 거기에다 농가마다 농기구를 따로 구입하여야 하고 모심는 기계나 논갈이 기계 등을 각 농가가 따로 구입하여야 하니 자원의 낭비가 심했습니다.

그래서 생각하고 생각한 것이 공동체를 이루어 노동력과 농기계와 농업에 필요한 장비들을 공동으로 구입하여 사용하여야 경제성도 있고 노동력도 해결되고 매사에 능률적이겠다는 생각에 처음 시작할 때부터 50세대 단위로 협동농장 형식으로 공동체 마을로 시작할 계획이었습니다. 그렇게 설교하고 뜻을 모았더니 주민들은 많이 호응하는데 정보기관에서 득달같이 찾아왔습니다.

"김진홍 목사는 긴급조치법 위반으로 15년 형을 받고 일시적으로 집행 정지된 상태임을 명심하시오. 아직 중앙정보부의 관할 아래 감시 대상임을 기억하시오. 50세대 단위로 협동농장식으로 하는 안은 안 됩니다."

나는 이해가 안 되어 "무슨 소리 하는 거요. 내 형 집행 정지와 협동 마을이 무슨 관계가 있다는 거요"하고 물었더니 그런 방식이 바로 북한의 집단농장과 같은 발상이란 엉뚱한 말을 하였습니다. 나는 기가 막혀서 세상에 북의 집단농장과 우리가 하려는 협동농장과는 차원이 다른데 왜 그렇게 연관을 시키는 것이냐고 반문하였습니다.

그러나 김진홍 목사가 그렇지 않아도 사상적으로 의심을 받는데 북의 집단농장과 유사한 모양으로 운영하는 것은 있을 수 없다 하였습니다. 그러고는 서울에서 우리와 함께 귀농한 판자촌 가족들을 남양만 간척지 안의 15 마을에 흩어서 살게 하였습니다. 어쩔 수 없이 각자 배정된 마을에서 흩어져 살면서 교회와 주민회 조직 활동을 통하여 정착 사업을 진행하게 되었습니다.

그러나 막상 농사를 지으며 살아보니 역시 공동체 마을을 이루어 협동체제로 살아가는 것이 합리적이고 효율적이란 생각에서 두레마을이란 이름으로 공동체 마을을 따로 세울 생각을 꾸준히 하였습니다. 마침 남양만에서 서해안 바다가 보이는 목이 좋은 곳에 "봉화산" 烽火山이란 이름의 야트막하게 모양 좋은 산이 있었습니다.

옛날 서해 바다로 일본의 왜구나 중국의 해적들이 쳐들어오면 한양으로 봉홧불을 올리던 산이어서 이름이 봉화산이었습니다. 그 산이 공동체 마을을 세우기가 적합한 땅일 것 같아 무조건 산 중턱으로 올라가 터를 잡고 기도드리기 시작하였습니다.

"하나님, 이 산을 우리에게 주시옵소서. 이 터전에 공동체 마을을 세우고 더불어 사는 공동체 마을, 두레마을을 세우고 싶습니다. 이 산의 주인이 누군지 모르지만, 하나님께서 저희들이 사용할 수 있도록 허락해 주시옵소서."

나는 틈날 때마다 그 산으로 가서 기도터에 무릎을 꿇고 앉아 기도드리기를 계속하였습니다. 그렇게 기도드리기를 시작한 지 7년 되는 해 1월 어느 날 봉화산 주인이 날 찾아와 말했습니다.

"목사님, 전 봉화산 주인입니다. 집안에 급한 일이 있어 산을 팔아야겠기에 소개소에 내놓았더니 서울 복부인들이 찾아오고 이 지역과 인연이 없는 사람들만 입질하곤 하여서 목사님을 찾아왔습니다. 봉화산이 그래도 이 지역에서는 명산 名山인데 목사님 같은 분이 맡으시면 유익하게 쓰실 것 같아 찾아왔습니다. 우선 급한 돈만 마련해 주시면 나머지는 좀 천천히 주셔도 되겠습니다."

나는 그 말을 듣자, 이는 우리들의 7년 기도에 대한 응답이란 생각이 머리를 스쳤습니다.

67
하나님께 빚진 자

"봉화산에 두레마을 공동체를 세우게 허락하여 주시옵소서"라고 기도한지 7년 만에 산 주인이 나를 찾아와 봉화산을 맡아 달라고 스스로 말하는 것이 우연이 아니라 하나님께서 우리들의 기도를 들어 응답하신 것이란 확신이 들었습니다. 그래서 봉화산 주인에게 즉시 치러야 할 값을 의논하였습니다.

결론에 이르기를 구입 가격 전체를 4천만 원으로 정하고 먼저 계약금으로 4백만 원을 주고 나머지 3,600만 원은 2달 후에 한꺼번에 치르기로 약속하였습니다. 다음 주일예배 시간에 교인들에게 그간의 경과를 이야기하고 이는 7년간의 우리들의 기도에 대한 하나님의 응답인즉 모두가 힘을 모아 땅값을 치르고 두레마을 공동체를 그곳에 세우자고 선포하였습니다.

모두 찬성하기에 우선 헌금을 하였습니다. 그날 400만 원이 헌금되었습니다. 나머지 3,600만 원을 위하여 합심 기도를 시작하였습니다. 우리는 예배 시간에나 교인들의 모임이 있을 때마다 3,600만 원을 위하여 기도하였습니다. 교인들이 기도하면서 나는 주어진 두 달 안에 3,600만 원을 치르기 위하여 백방으로 뛰어다니며 힘썼습니다.

그러나 갑작스런 진행이어서 시간이 지나도 그만한 금액을 융통할 길이 열리지 않았습니다. 잔금을 치를 날짜가 3일 남았을 때입니다. 새벽기도 마친 후에 한 권사님이 나를 찾아와 걱정스런 말투로 물었습니다.

"목사님, 봉화산은 물 건너갔지요?"

나는 그것이 무슨 말이냐고 되물었습니다.

"계약 날짜가 3일밖에 안 남았으니 아까운 계약금만 날리게 된 거 아니겠습니까?"

그러기에 내가 태연스레 답해 주었습니다.

"우리 온 교회가 이렇게 간절히 기도드리고 있으니, 하나님께서 허락해 주시겠지요. 염려하지 말고 끝까지 믿고 기도합시다."

"목사님이 이렇게 느긋하신 거 보니 목사님이 믿으시는 구석이 있는 모양이지요. 나는 계약금이 아까워 밥맛이 없을 정돕니다."

"아니지요. 다른 구석이 있을 턱이 있습니까. 하지만 아직 3일이나 남았으니 믿고 기도합시다."

이런 대화를 나눈 날 오후 녘에 40대로 보이는 양복쟁이 손님이 찾아왔습니다.

여덟 번째 말씀 하나님께 빚진 자

68
하나님께 빚진 자

서재에서 책 읽고 있는데 웬 손님이 찾아왔다기에 맞았더니 40대 신사였습니다. 내 방으로 맞아들여 서로 대화를 나누었습니다.

"나는 미국 필라델피아에서 온 박○○ 집사입니다."

"필라델피아라면 먼 곳인데 어떻게 이 먼 시골까지 오셨습니까?"

"예, 내가 이번에 한국에 온 것은 아버지께서 내 몫으로 남기신 유산이 좀 있어서 정리하러 한국에 나왔습니다. 정리하고 남은 돈에서 십일조 헌금을 목사님 하시는 일에 바치려고 찾아왔습니다."

"어떻게 그런 귀한 마음을 먹게 되었습니까? 저를 어떻게 알고 이 먼 곳까지 찾아오셨는지요?"

"예, 제가 목사님이 쓰신 『새벽을 깨우리로다』를 미국에서 읽고 감명을 받아 이번 십일조는 김진홍 목사가 하는 일에 바쳐야겠다는 마음을 먹고 찾아오게 되었습니다."

그렇게 말하면서 안주머니에서 봉투 하나를 꺼내어 나에게 주면서 "큰 액수는 아니지만 요긴하게 써 주십시오" 하기에 봉투를 받아보니 봉해 있었습니다. 봉투를 받아들며 그에게 "봉투를 열어봐도 되겠습니까?"하고 물었더니 그렇게 하라기에 본인 앞에서 열었습니다. 봉투 안에 수표 한 장이 들어 있었습니다. 수표에 적힌 금액을 읽던 나는 소스라치게 놀랐습니다. 수표에 적힌 금액이 3,600만 원이었습니다. 나는 숨이 멈추는 듯하였습니다. 내가 그에게 물었습니다.

"필라델피아에서 온 박 집사라 했지요. 우리가 3,600만 원을 위해 두 달간 기도하고 있는 것을 아셨나요?"

"아닙니다. 미국에서 와서 바로 이리로 왔습니다. 이곳을 찾느라고 새벽에 나서서 이제야 왔습니다."

나는 이 일에 성령님이 간섭하셨음을 느끼게 되었습니다. 나는 그에게 봉화산 구입을 위하여 우리가 두 달간 기도하고 있었던 내력을 자상히 들려주었더니 그가 큰 은혜를 받은 것 같았습니다. 그는 눈시울을 적시며 말했습니다.

"나의 적은 정성이 하나님의 일에 쓰임 받게 되어 너무나 감개무량합니다."

그의 이야기를 들어보니 고려은단 제약사의 막내아들이었습니다. 그 후로 그쪽 집안과 우리 두레마을은 좋은 관계를 맺어 오고 있습니다. 이렇게 하여 두레마을 공동체가 시작되었습니다.

"땅과 사람을 살리는 공동체 마을 두레마을"

두레마을이 시작하면서 공동체 마을을 세우는 뜻을 분명히 하였습니다.

그리고 두레마을의 3대 정신을 세웠습니다.

1) 두레마을은 예수님이 이장里長이시다.
2) 두레마을에는 사랑의 법만 있다.
3) 두레마을은 능력에 따라 일하고 필요에 따라 쓴다.

첫째 번의 두레마을의 이장은 예수님이란 원칙의 성경 말씀은 베드로전서 3장 15절의 말씀을 본문으로 합니다.

"너희 마음에 그리스도를 주로 삼아 거룩하게 하고 너희 속에 있는 소망에 관한 이유를 묻는 자에게는 대답할 것을 항상 준비하되 온유와 두려움으로 하고"

이 말씀을 두레마을 가족들은 다음 같이 읽었습니다.

"너희 마을에 그리스도를 이장으로 모시고 그리스도로 인하여 얻어진 희망의 이유를 묻는 자들에게 대답할 준비를 하라"

둘째 번의 두레마을에는 사랑의 법만 있다는 원칙으로는 요한1서 4장 11절과 12절 말씀을 바탕으로 합니다.

"사랑하는 자들아 하나님이 이같이 우리를 사랑하셨은즉 우리도 서로 사랑하는 것이 마땅하도다 어느 때나 하나님을 본 사람이 없으되 만일 우리가 서로 사랑하면 하나님이 우리 안에 거하시고 그의 사랑이 우리 안에 온전히 이루어지느니라"

셋째 번의 능력에 따라 일하고 필요에 따라 쓴다는 원칙은 사도행전 2장 44절과 45절의 말씀에서 왔습니다.

"믿는 사람이 다 함께 있어 모든 물건을 서로 통용하고 또 재산과 소유를 팔아 각 사람의 필요를 따라 나눠 주며"

69
하나님께 빚진 자

두레마을 공동체를 운영하여 나가면서 가장 중요한 점 3가지를 체득할 수 있게 되었습니다.

첫째는 공통의 신앙과 신념입니다.
둘째는 합의된 목표입니다.
셋째는 합리적 경영입니다.

이런 문제점들을 깨닫게 된 것은 여러 번의 시행착오를 거치면서 체득하게 된 원리입니다.

처음 시작하던 때에 이상에 치우쳐 합리적 경영이 이루어지지 않고 많은 대가를 치르게 되었습니다. 실례를 들자면 공동체의 정신을 경제적인 문제에서부터 실천하자고 공동체 식구들이 매월 받는 용돈을 균일화하였습니다. 대표인 나도 월 용돈이 30만 원, 갓 들어온 젊은이도 30만 원으로 정하였습니다. 굉장히 이상적인 것 같아 그렇게 실시하였는데 얼마 지나지 않아 부작용이 드러나기 시작하였습니다.

작업과 경영에 생산성이 오르지 않는 것이었습니다. 김진홍 목사

같이 열심히 뛰어다니며 큰 수입을 올려도 30만 원, 마을에서 적당히 보냈어도 30만 원이니까 애써 노력하겠다는 동기가 주어지지 않았습니다. 그리고 열심히 일하는 일꾼이 어영부영 시간만 보내는 자들에게 오히려 왕따를 당하는 것이었습니다.

두레마을 공동체 정신에 공감하여 새로 들어온 젊은이가 열심히 일하면 먼저 와 있던 젊은이들이 빈정거리며 기를 죽였습니다.
"야, 넌 그렇게 열심히 일해서 김진홍 목사 양자 되려고 하냐? 적당히 해. 네가 그렇게 부지런 떠니까 우리가 놀지를 못하잖냐."
이런 식으로 의욕이 떨어지게 하니 좋은 일꾼들이 슬그머니 공동체를 떠나려 하는 것이었습니다.

사람 됨됨이를 보고 장래 공동체의 기둥감으로 길러야지 하는 마음으로 기대를 걸던 일꾼이 어느 날 마을을 떠나겠다 해서 놀라서 물었습니다.
"아니 먼 소리여? 장래 기둥감으로 기대하고 있는데 갑자기 떠나겠다니 먼 소리여?"
그런데 그가 무슨 말을 할듯 말듯 하다 그냥 떠납니다. 떠난 뒤에 가족들에게 왜 갑자기 떠났을까를 물으면 몇 사람이 그렇게 만들었음을 알게 됩니다. 그런 식으로 좋은 일꾼들이 떠나고 나면 그 빈자리가 커져서 일에 능률이 오르지 않게 됩니다.

그런가 하면 좋은 일들이 많습니다. 공동체가 지니는 힘 중에 최고의 힘이 더불어 살게 되면서 치유의 열매가 맺어진다는 점입니다. 대표적인 경우가 우울증 걸렸던 젊은이들이 3개월 함께 살며 노동하여 치료가 됩니다. 노이로제가 심하여 학업을 중단하고 두레마을에 들어왔던 의과대학생이 회복되어 복학하여 지금은 훌륭한 의사로 살아가고 있습니다. 그리고 자식들이 버리고 가다시피 한 할머니가 마을에서 아이들을 돌보고 어머니는 들에서 일하게 되어 협업이 이루어지게 되기도 합니다.

두레마을에서 유정란 일만 마리를 먹여 계란을 낳게 되어 용달차에 싣고 아내와 함께 아파트 단지에 팔러 갑니다. 압구정동 아파트로 가서 계란을 팔고 있는데 어떤 부인은 나를 자세히 보더니 말합니다.

"그 어른 김진홍 목사 닮았네"
"닮은 사람도 있겠지요."
"아니 목소리도 닮았네. 혹시 형제 중에 김신홍 목사 없이요?"

가장 힘들기는 남양만에서 유기농으로 지은 쌀을 팔러 갔을 때입니다. 엘리베이터가 있는 아파트는 괜찮은데 반포에 가면 5층에 엘리베이터가 없는 곳이 있습니다. 그런 곳에 5층까지 등에 지고 올라가노라면 80키로 한 가마니가 무거워 도중에 꼬꾸라질 듯합니다. 그런 고비 고비를 넘기며 두레마을 공동체는 조금씩 성장하여 갔습니다.

70
하나님께 빚진 자

두레마을 소문이 퍼져 나가자, 젊은이들과 노인들이 찾아오기 시작하였습니다. 그러니 식구가 점차 늘어나 150여 명이나 되었습니다. 그만한 숫자가 한 솥에 밥을 먹으며 네 것 내 것 없이 산다는 것이 쉽지만은 않았습니다. 하루는 30대 초반의 자매가 보통이 하나 들고 찾아왔습니다. 결혼한 지 얼마 되지 않는데 남편 되는 자가 폭행이 심하여 맞다가 맞다가 더 이상 견딜 수 없어 두레마을 소문 듣고 찾아왔노라 하였습니다.

사정이 딱하게 여겨져 방 하나를 배치하고 양계장에서 일하며 지나게 하였습니다. 몇 달이 지난 후 남편에게 다녀오더니 얼굴이 환하게 밝아져 돌아왔습니다. 그간에 이미 다른 여인이 자기 자리에 들어와 살고 있더라며, 혼인 신고도 하기 전이라 지긋지긋한 남편에게서 완전히 해방되었다면서 기쁜 얼굴로 돌아왔습니다.

양계장에서 일하게 된 지 일 년여가 지난 뒤 양계장 책임자인 총각과 함께 와서 결혼하겠으니 허락해 달라고 하였습니다. 나는 기꺼이 허락하며 일러 주었습니다. 남자 쪽도 정직하고 성실한 남자이고 여자 쪽은 험한 시절 보내며 성숙된 성품이니 둘이 서로 이해하고 행복한 가정을 이루어 살라 격려하여 주었습니다.

그런데 그날 저녁에 가정을 이루고 사는 여인 5명이 찾아왔습니다. 반갑게 맞으며 차를 마시며 이야기를 나누는데 대뜸 묻습니다.

"목사님, 이번 결혼 허락하실 겁니까?"
"그기 무슨 소린가? 둘이 좋아져서 결혼하겠다는데 우리는 축하해 주면 되는 거 아닌가? 왜 무슨 문제가 있는가?"

여인들이 예상치 못한 대답을 하기에 놀랐습니다.

"그렇게 하면 총각이 손해 보잖아요?"
"그기 뭔 소린가? 서로 사랑하여 결혼한다는데 손해 볼 일이 무언가?"
"목사님도 참~ 총각은 숫총각이고 여자 쪽은 때 묻은 여잔데 총각이 손해 보는 거 아닌가요."

그때야 나는 무슨 뜻인지 알아차리고 말했습니다.

"뭣이라고? 때 묻었다고? 때 묻었음 목욕하면 될 거 아닌가. 사람들이 어찌 그리 이해심이 없냐. 그 언니는 힘든 세월을 보내며 성숙되었으니, 우리보다 더 인생 체험이 많고 배울 점이 많을 거다."

서로 사랑해서 결혼한다는데 이해하고 격려해 주어야지 때 묻은 여자란 생각을 해서 되겠냐, 둘이 결혼을 축하해 주고 결혼식도 마을 잔치로 멋지게 치러 주자고 일러 주었더니 "괜히 와서 꾸지람만 들었잖냐"하고 투덜거리며 돌아갔습니다.

  한국 크리스천들에게는 상대의 상처를 이해하여 주고, 품어 주는 관용寬容이 부족합니다. 관용이란 너그러움입니다. 너그러움이란 상대에 대한 배려를 바탕으로 합니다.

71
하나님께 빚진 자

공동체 생활에서 부딪히는 문제 중의 하나가 경제 문제입니다. 경영이 서툴고 생산성은 떨어지는 데다 지출하여야 할 곳은 날로 많아지니 쪼들릴 수밖에 없습니다. 하루는 새벽 기도 모임 후에 재정 담당 아가씨가 말했습니다.

"목사님, 오늘 지출하여야 할 사료비가 680만 원인데 돈이 없습니다. 어째야 할까요?"

걱정스런 얼굴로 말하기에 내가 나무라는 투로 말했습니다.

"자네 두레마을 재정 한두 달 하나? 없다는 말이 무슨 말이고? 안 보인다 해라. 없는 거와 안 보이는 건 하늘과 땅 차이야. 하나님께서 으레 주시기로 되어 있는데 지금 우리 눈에 안 보일 뿐이야."

그랬더니 아가씨가 서슴없이 "예, 목사님, 사룟값 680만 원이 아직 안 보입니다"라고 답하였습니다. 내가 자신 있게 일러 주었습니다.

"그럼, 오늘 중으로 680만 원 보여 주실 것으로 믿읍시다."

출타하였다가 저녁나절 들어왔더니 재정 담당 아가씨가 얼굴에 함박웃음을 띠고는 나를 반갑게 맞이하면서 말합니다.

"목사님, 오늘 누군가가 800만 원 헌금을 보내 주어 사룟값 차질 없이 지출하였습니다. 목사님 믿게 해 주어서 감사합니다."

하루는 어린 딸을 데리고 앉은뱅이가 찾아왔습니다. 50대의 남자인데 눈물을 글썽이며 제발 도와 달라고 사정하였습니다. 잘나가던 젊은 시절에는 흥청망청 인생을 허비하였는데 고혈압으로 쓰러져 앉은뱅이가 된 후에 마누라는 고무신 뒤로 신고 가 버리고 어린 딸과 함께 갈 곳이 없어 두레마을로 왔다며 "제발 받아 주십시오"하고 사정하였습니다.

이 말을 들은 마을의 젊은이들이 "무슨 여자가 허리힘 좋을 때는 같이 살다가 힘 빠지니 도망가 버린 거야. 그런 염치없는 여자는 잡아서 주리를 틀어야 해"하며 도망간 마누라를 성토했습니다.

모두가 불쌍한 부녀를 받아 주자고 해서 그날로 두레마을 가족이 되었습니다. 그런데 다음 날 서울로 가서 4일간 집회를 마치고 왔더니 그가 서서 다니는 것이었습니다.

깜짝 놀라서 물었습니다.

"아니 웬일로 서서 다니게 되었어요?"

"목사님, 갈 데 없이 버려진 우리 부녀를 받아 주시는 것이 정말 고마워서 두레마을 잘 되게 해 달라고 기도드리고 도망간 마누라도 어디 가든 잘 살게 해 달라고 기도드리며, '하나님 감사합니다, 감사합니다'라고 기도드리는 중에 허리에 힘이 와서 서게 되었습니다."

그는 눈물을 훔치며 감격에 넘치는 목소리로 말했습니다. 나는 그를 격려하면서 "그렇게 도망간 마누라도 원망치 않고 기도드린 것을 하나님이 곱게 보신 거 같네요. 앞으로도 그렇게 삽시다"라고 일러 주었습니다.

두레마을의 식사 시간에 식구들이 자랑스럽게 말했습니다.

"목사님, 두레마을 대단하지요? 앉은뱅이가 나았잖습니까."
"그 말 밖에서 알면 곤란할 거야. 자기가 감사 기도드리다가 자기 믿음으로 낫게 된 것인데 사람들이 두레마을에서 앉은뱅이 나았다는 소문 듣게 되면 전국에 앉은뱅이가 우리 마을로 몰려들면 큰일 이니겠냐. 그러니 밖으로 소문 안 나가게 조심하세."

그랬더니 마을 식구가 말했습니다.

"밖에 소문을 누가 낸다요. 목사님이나 소문내지 마십시오"라고 하는 말에 모두들 웃었습니다.

72
하나님께 빚진 자

어느 날 아침 기도 모임을 마치고 마당으로 나왔더니 할머니 한 분이 마당에 앉아 있었습니다. 할머니 등에 흘려 쓴 글씨로 적혀 있었습니다.

"죄송합니다. 어쩔 수 없이 마당에 두고 갑니다. 불쌍히 보시고 좀 맡아 주십시오."

우리는 기가 막혀서 말이 안 나올 지경이었지만 일단은 할머니를 방으로 모신 후 마을 회의를 열었습니다. 이 할머니를 어떻게 할 것인가를 의논하는 회의였습니다. 할머니께 어디 사시느냐? 자식들은 있느냐? 물어도 묵묵부답으로 그냥 "죄송합니다. 죄송합니다"만 되풀이하였습니다. 더 의논해 보았자 결론은 정해져 있을 수밖에 없었습니다.

할머니를 버릴 수 없는 이상 같이 사는 도리밖에 없었습니다. 살면서 이야기를 들으니 93세로 아들도 있고 딸도 있다 하였습니다. 그런데 왜 우리 마을에 버리다시피 맡겼느냐고 물으니 "내가 자식 농사를 잘못한 거이지요"라는 말만 하고 입을 다물었습니다. 얼마 지나지 않아 할머니께 치매 끼가 나타났습니다. 마을에서 봉사심이 가장 깊이 있는 자매에게 할머니를 돌보라고 부탁했습니다.

하루는 모두 밭에 나가고 나 혼자 성경을 보고 있는데 그 할머니가 손에 그릇을 들고 나에게 와서 말했습니다.

"아들 같은 목사님, 오뎅 드시라요."

할머니가 오뎅 그릇을 나에게 주는데 오뎅이 아니라 자신의 대변을 담은 그릇이었습니다. 나는 질겁을 해서 그릇을 뺏었습니다.

"할머니, 그거 오뎅이 아니에요. 대변이에요. 날 주세요. 버립시다."

할머니는 그 후 반년 가까이 견디시더니 자리에 누워 일어나지를 못하게 되었습니다. 숨을 거두기 전에 아들의 연락처를 주었습니다. 아들에게 할머니의 임종을 알렸더니 갑자기 5남매가 들이닥쳐 할머니 시신을 붙들고 "엄마, 엄마, 어머니, 어머니" 부르며 통곡하는 것이었습니다. 두레마을 식구들이 곁에서 보고 화가 나서 저마다 한소리씩 합니다.

"저것들이 쇼하고 있네. 그렇게 어머니를 생각하면 살았을 때 와 보지 지금 와서 울고불고 야단이야."

할머니 시신을 모시고 가라 하였더니 병원의 장례식장으로 옮겨 장례를 치르는 것이었습니다. 그 모습을 보며 자식들이란 기를 때 귀한 것이지 자라고 나면 각자 자기 길을 가느라 부모를 남에게 맡기려 드는 세상인심이 야속하다 느껴졌습니다.

두레마을에서 함께 살며 일하는 젊은이 중에 22살 남자가 있었습니다. 성품도 온순하고 머리도 명석한데 늘 기가 죽어 있고 사람을 대할 때 바로 보지 못하고 고개를 숙이거나 돌린 채 대하곤 하였습니다. 나는 그런 그가 딱하게 여겨져 둘이 고추밭으로 나가 밭매기를 하며 이야기를 나누었습니다.

"자네는 성품도 좋고 인물도 괜찮고 머리도 나쁘지 않은 것 같은데 왜 늘 기가 죽어 있냐?"

나의 물음에 그는 스스럼없이 대답하였습니다.

"아버지 탓이에요."

"무슨 말이냐? 너희 아버지 교감 선생님 말이냐?"
"그렇습니다."
"아버지가 어쨌기에 그러니?"

그는 아버지와 사이에 쌓인 한恨을 이야기하였습니다.

"나는 평생 소원이 아버지께 인정받는 것입니다. 아버지는 나를 인정하지 않았습니다. 한번은, 통지표를 받아보니 지난해보다 성적이 올라갔기에 아버지께 자랑하려 드렸더니 아버지가 통지표를 던져 버리면서 이걸 자랑이라고 하느냐? 야 임마, 반에서 10등에도 못 들어가는 성적이 성적이냐? 하였습니다. 그날 내가 받은 상처는 말로 표현 못 합니다."

73
하나님께 빚진 자

아버지로 인하여 상처받은 박 군이 측은하여 내가 위로하며 일러 주었습니다.

"박 군, 두레마을에 오기 잘했네. 이곳에서 서로 허물없이 지나며 마음에 쌓인 쓴 뿌리가 씻어지기 바라네. 그리고 아버지를 이해하게나. 아버지도 아마 자랄 때 상처받고 자라서 그런 것이 아니겠나."

"이해하여야지 하는 건 내 머리구요. 가슴으로는 이해가 되지를 않습니다. 나는 서로 허물없이 지내는 두레마을의 밝은 분위기가 좋습니다. 여기서 몇 년 살면 사람 구실 하게 될 것 같군요."

그는 두레마을에서 생활하며 차츰 밝아지더니 유머도 하고 마을 안의 노래자랑에 나가 인기상도 타고 하면서 어두운 마음에서 벗어나게 되었습니다. 좋은 아가씨를 만나 결혼하더니 신학교에 입학하고 졸업 후에 좋은 목사가 되어 충청도에서 목사다운 목사로 목회하고 있습니다.

박 군과 진지한 대화를 나누던 날 나는 나의 두 아들에 대하여 생각했습니다. 아버지가 바쁘답시고 아들들과 너무나 대화가 없었구나, 모처럼 두 아들들과 허물없이 대화를 나누며 나의 아들들은 그런 상처가 없는지 살펴보아야겠다고 생각했습니다.

그래서 두 아들에게 오늘 저녁은 다른 일 모두 제쳐두고 아버지와 대화하는 시간을 가지자고 제안하였더니 큰아들이 "내일 시험이 있어요" 하기에 "아냐, 시험이 문제가 아니야. 우리 부자 사이에 대화가 너무 적으니 오늘 모처럼 아버지가 시간 날 때 셋이 대화하는 시간을 가지자"하고는 아내에게 셋이 마실 차를 준비해 달라 청하였습니다.

모처럼 삼부자가 차를 나누며 대화하는 분위기를 만들었습니다만 안 하던 대화가 갑자기 될 턱이 없었습니다. 아들 둘이 가만히 앉아만 있기에 내가 "아버지에게 하고 싶은 말이 없니?" 하였더니 둘이 한꺼번에 "없어요." 하기에 나는 갑갑하여 "가서 공부해라"하고 보내 버렸습니다. 부부간에든, 부자간에든 평소에 생활 속에서 대화가 습관이 되어야지 갑자기 분위기 만든다고 대화가 될 리 없습니다.

신앙생활에도 하나님과의 대화가 생활화 되고 습관화 되어야 합니다. 하나님과의 대화를 신앙 용어로 '기도'라 합니다. 기도가 다름 아니라 하나님과의 대화입니다. 이사야서 1장에서 하나님께서 우리에게 대화를 요청하십니다.

"여호와께서 말씀하시되 오라 우리가 서로 변론하자 너희의
죄가 주홍 같을지라도 눈과 같이 희어질 것이요 진홍 같이 붉

을지라도 양털 같이 희게 되리라"(이사야 1장 18절)

위의 말씀에서 변론하자는 말이 대화하자는 말입니다. 그리고 대화하면 기적이 일어난다고 하였습니다. 하나님과의 대화가 이루어지면, 주홍같이 붉은 죄가 씻은 듯이 사라지게 되고 진홍같이 무거운 죄도 양털같이 희게 되는 기적이 일어난다고 하였습니다. 하나님과 대화하는 기도를 통하여 우리는 기적을 체험하게 됩니다.

그리고 우리들이 하나님과 대화하는 기도가 응답됨으로 하나님께 영광을 돌리게 된다고 요한복음 14장에서 일러 줍니다.

"너희가 내 이름으로 무엇을 구하든지 내가 행하리니 이는 아버지로 하여금 아들로 말미암아 영광을 받으시게 하려 함이라"(요한복음 14장 13절)

성경은 분명히 일러 줍니다. 우리들이 하나님께 영광 돌리기 위하여 집을 팔아 바치라는 것도 아니요, 직장을 그만두고 신학교로 가서 목회자나 선교사가 되라는 것도 아닙니다. 기도하여 응답받는 열매가 쌓이고 쌓이면 이것이 하나님께 영광 돌리는 길이라 일러 줍니다.

74
하나님께 빚진 자

두레마을 공동체를 이루어 살아가면서 공동체의 성공과 실패를 가름하는 3가지 요소가 있음을 실감케 됩니다.

1) 정직성
2) 게으름 없는 부지런함
3) 서로 간의 배려와 대화

이런 요소가 부족하게 될 때 공동체는 흔들리게 되고 공동체로 모인 보람이 없게 됩니다.

어느 해 부활절 날 아침에 주 집사란 분이 찾아왔습니다. 예배처에 들어가 먼저 눈물을 흘리며 뜨겁게 기도부터 드리더니 교도소에서 석방되는 길로 바로 두레마을 찾아왔노라고 하면시 옥중 생활에서 회개하고 성령 충만케 되었노라 하였습니다. 그는 석방되면 두레마을로 가서 평생을 섬기는 삶을 살겠노라고 기도하였다 하였습니다.

두레마을에서 잠자리와 먹여만 주시면 평생을 머슴으로 일하겠노라고 하였습니다. 두레마을 가족들은 그의 말과 결심에 감동이 되어 그날로 두레식구로 받아들였습니다.

주 집사는 기도도 뜨겁게 하고, 일도 열심히 하고 붙임성도 좋아 두레마을 가족들로부터 신임을 받았습니다. 그래서 공동체에 들어온 지 얼마 되지 않아 육계 파트의 책임자가 될 수 있었습니다. 그러나 몇 달이 지나서 마을의 젊은 일꾼이 나를 찾아와 "목사님, 주 집사가 삥땅 치고 있는 걸 아십니까?" 하고 묻기에 "삥땅이 뭔데?"하고 물었습니다.

"삥땅이란 건요, 닭을 팔 때에 키로당 1,200원을 받았으면요, 보고는 천 원에 팔았다고 보고를 하거든요. 그러면 키로당 200원이 남잖습니까? 그 200원이 자기 주머니로 들어가는 걸 삥땅 친다 합니다"

나는 그를 나무랐습니다.

"사람을 그렇게 나쁘게 말하면 안 되지. 공동체에서는 서로 믿고 살아야지 의심하기 시작하면 서로 불행해지는 게야"
"목사님, 마을 사람들이 다 아는 걸 목사님만 모르시는 기라요."

젊은 일꾼이 그렇게 말하고 돌아간 후 몇 달이 지나 주 집사가 삥땅 치고 있는 것이 사실로 드러나게 되었습니다. 주 집사가 너무 욕심을 부려서 그 사실이 알려지게 되었습니다. 키로당 100원씩 더 붙여 '삥땅' 치던 그가 다른 상인이 키로당 200원을 더 붙여 주겠노라 하니까 거래처를 그쪽으로 옮겼습니다. 그렇게 되니 거래처를 잃게 된 이전 상인이 마을에 사실을 알려 와서 드러나게 되었습니다.

두레마을 전체 가족회의를 열고는 주 집사 건을 어떻게 처리할 것인가를 토론하게 되었습니다. 두 파로 갈라졌습니다. 그런 도둑은 당장 내보내야 한다는 편과 한 번 더 기회를 주자는 파로 갈라졌습니다. 설왕설래하면서 결론이 나지 않기에 무기명 투표로 정하게 되었습니다. 두레마을에서 떠나게 하자는 편이 더 많은 표가 나와 그날로 주 집사는 마을을 떠나게 되었습니다.

두레마을 공동체는 세월이 흐르면서 공동체 생활의 모순이 드러나기 시작하였습니다. 네것 내것 없이 모두가 공동 소유하고 공동 분배를 하게 되니까 생산성生産性이 날로 떨어지게 되었습니다. 농장에서 공동 작업을 하는데 한 젊은이는 노동이 싫으니까 10분마다 화장실 간다고 일터에서 들락날락하였습니다.

내가 그에게 "자네는 지긋하게 참고 일하지 왜 그렇게 들락날락하는 거냐?" 하였더니 "나오는 오줌을 어떻게 참으라 합니까?" 하기에 "야 이 사람아, 그럼 기저귀 차고 일해라. 모두 열심히 일하는데 자네만 들락날락하니까 분위기 나빠진다"하며 나무랐습니다. 어떤 젊은이는 빤히 보이는 곳에 있는 삽을 가져오라 하였더니 10분 넘도록 어슬렁어슬렁 다녀오는 것이었습니다.

그리고 어느 부분에 손실이 나면 서로 책임을 미루려 하여 책임지는 사람이 없었습니다. 그러니 생산성이 떨어지고 공동체 운영에 적

자가 나게 되었습니다. 나는 열심히 집회도 다니고 글도 쓰고 하며 적자를 메웠지만 점점 지쳐갔습니다.

75
하나님께 빚진 자

매월 적자가 1,500만 원에 이르게 되니 내가 그 적자를 메우기에 무리였습니다. 그래서 무언가 결단을 내려야겠다고 생각하고 어느 날 모든 활동을 중단하고 2일간 마을 부흥회를 열었습니다. 첫 시간에 예배를 드리며 공동체 마을의 사정을 있는 그대로 설명하고 두 가지 길 중에 한 가지를 선택하여야 될 때라고 말했습니다.

첫 번째 길은 그간에 좋은 뜻으로 모여 열심히 살았으니 각자 인생에 좋은 경험을 하였다 치고 각자 자기 길을 찾아 흩어지는 길이고, 두 번째 길은 공동체 사정을 철저히 따져서 고칠 건 고치고 버릴 건 버리며 새로운 각오로 새 출발 하는 것이다. 이제 두 길 중에 하나를 선택하여야 할 때라고 선포하였습니다. 예배 후 150명 식구 전체가 조별로 나누어 현 상황부터 찐하게 토론을 시작하였습니다.

대화를 나누다가 모여서 기도하고 찬송하고는 공동체를 시작하던 때의 초심初心에 대하여 공개 토론하였습니다. 2일간의 자체 부흥회가 영적으로, 정신적으로 그리고 정서적으로 큰 도움이 되었습니다. 서로 마음을 열고 토론을 한 후에 통성 기도를 하게 되니 회개의 울음이 터지고 서로 "네 탓이다" 하던 마음이 "아니다, 내 탓이다" 하는 마음으로 변하게 되었습니다.

 2일간의 모임이 마칠 무렵에 다시 한번 새롭게 시작하자는 다짐을 하게 되어 앞으로의 실천 사항으로 5가지 사항을 합의하게 되었습니다. 그 후로 매일 아침 예배 시간에 5가지 결의 사항을 한목소리로 다짐한 후 하루를 시작하게 되니 분위기가 달라졌습니다. 한 달, 두 달 지나면서 부채가 줄어들고 공동체의 질서가 잡혀 갔습니다. 그리고 공동체의 보람을 느끼게 되었습니다.

 그즈음 두레마을 공동체 소문이 점차 퍼지게 되니 갈 곳 없는 청소년들이 모여들게 되었습니다. 중고등학생 중에 자퇴하거나 퇴학당한 학생들과 우울증에 걸린 학생들, 이런저런 사정으로 학업을 포기한 청소년들이었습니다. 그런 청소년들과 함께 지나면서 이들을 위한 대안학교代案學校를 세워야 할 필요성을 깊이 느끼게 되었습니다.

 전두환 대통령 시절입니다. 교육부를 찾아가 담당자를 만나 갈 곳 없는 청소년들을 위한 학교를 세우고 싶다 하였더니 즉각 "교육법에 위배됩니다. 그런 학교는 있을 수 없습니다"라고 잘라 말했습니다.
 나는 열을 받아 그와 다투었습니다.

 "교육법 찾지 말고 법이 없으면 만드시오. 교육부가 할 일이 그런 일 아닙니까?"

"법은 국회에서 만드는 것이지 교육부가 만드는 것 아닙니다"
"그럼 당신이 그 자리에 앉아서 하는 일이 무어요? 그 자리에서 '안된다' 하는 걸로 국민 세금으로 월급 받고 사는 거요?"

우리는 서로 언성이 높아져 다투다가 헤어졌습니다. 두레마을로 돌아와 아무리 생각하여도 그런 학교가 있어야겠다고 생각되어 두레마을의 사명으로 삼고 합심 기도드리기 시작하였습니다.

76

하나님께 빚진 자

청소년들을 위한 대안학교代案學校를 세우자는 제목으로 두레마을 가족들은 열심히 기도하였습니다. 그러는 동안 정권이 바뀌어 김영삼 정권이 들어서게 되었습니다. 문민정부가 들어서게 되자 교육부도 달라질 것 같아 교육부 장관을 다시 찾아갔습니다.

역시 문민정부는 달랐습니다. 장관을 만나 길 잃은 청소년들을 위한 대안학교를 세우려고 하니 허가를 내 달라고 하였더니 장관이 앞장서서 길을 열어 주었습니다. 교육부가 하여야 할 일을 교회가 먼저 해 주겠다니 감사하다는 인사까지 하며 학교 허가에 필요한 절차를 밟아 주었습니다.

그래서 두레마을에 시작된 학교가 두레자연중고등학교입니다. 대안 교육에 뜻이 있는 교사들을 선발하여 학생 모집 광고를 하였더니 40명 모집 정원에 무려 1,200명이 넘게 지원하여 30대 1이 되었습니다. 모두가 도움이 필요한 처지의 청소년들이어서 교사들이 모여 의논하였습니다.

뚜렷한 방안이 생각나지 않으니까 기발한 아이디어까지 나왔습니다. 지원서를 멀리 던져 가장 멀리 가는 순서대로 선발하자는 안까지 나왔습니다. 나에게 의견을 묻기에 사정이 가장 나쁜 청소년들을 선발하여야 설립 취지에 맞는 거 아니겠느냐는 정도로 내 의견을 일러 주었습니다.

그런 과정을 거쳐 뽑힌 학생들로 입학식이 열리는 날 축사할 분으로 노무현 변호사를 초청하였습니다. 막노동하며 법률책을 읽어 고시에 합격하여 변호사가 된 분이기에 학생들과 소통이 잘될 것 같아 평소에 친하게 지나던 그를 초청하여 축사를 맡겼습니다.

입학식에 모인 학생들의 모습이 가관이었습니다. 빨간 머리, 노란 머리, 파란 머리, 머리 색깔부터가 총천연색이었습니다. 설교 시간이나 축사 시간 등 행사가 진행하는 동안 제대로 된 자세로 앉아 견디는 학생이 보이지 않았습니다. 그러나 노무현 변호사가 축사하는 동안에는 달랐습니다.

축사가 시작되는 때는 삐뚤어진 자세로 앉아 있던 학생들이 축사 시간이 10분이 넘어서자 모두 자세를 바르게 하고는 진지하게 들었습니다. 행사가 마친 후에 교사들이 모여 차를 마시며 하는 말이 학생들이 노무현 변호사의 축사 시간이 40여 분이나 되었는데 학생들이 진지하게 듣는 것이 참 이상하다 했습니다.

그러기에 내가 "아마 수준이 비슷해서 잘 들었을 거야" 하며 웃었습니다. 노무현이란 분이 정치적인 면은 제하고 인간 자체로 참 아까운 인물이었습니다. 무슨 연유에서인지 삶의 마무리가 잘못되어 지금도 그를 생각하면 아쉽고 짠한 느낌입니다.

두레자연고 학생들의 중국 연변 두레마을 봉사활동

77

하나님께 빚진 자

두레자연학교가 시작된 후에 거친 학생들, 마음대로 살아온 학생들의 규율을 어떻게 세워 갈 것인가에 대하여 교사들의 고민이 깊었습니다. 전교생이 기숙사에서 지나기에 남자 기숙사와 여자 기숙사 사이에 잘못 오고 가는 일이 일어날까 염려가 되었습니다. 기숙사의 2층은 여학생들의 숙소이고 3층은 남학생들의 숙소였습니다.

아니나 다를까 남녀 기숙사에서 오고 가는 일이 빈번하기에 저녁 9시 이후에는 그런 일이 없도록 하자는 방안을 세워 광고하고는 9시 이후는 3층의 남학생들이 2층 여학생 방에 드나들지 못하게 교사가 복도에서 지키도록 하였습니다. 그랬더니 기숙사 전체가 조용하여지고 질서가 잡히기에 학생들이 잘 따른다고 생각하였습니다.

그러나 그런 것이 아니었습니다. 남학생 중에 극성스러운 애들이 침대 홑이불로 밧줄을 만들어 창문에 달고는 2층으로 내려가는 것을 모르고 선생님은 복도에서 앉아 졸고 있었습니다. 그런 정도였던 학생들이 선생님들이 형님처럼, 부모처럼, 함께 운동하고, 함께 식사하고, 열성을 다하여 가르치니 질서가 잡혀 나갔습니다. 3년 후 첫 졸업식이 있는 날 졸업식장이 울음바다가 되었습니다.

한 학생이 "우리가 선생님들을 왜 그렇게나 괴롭혔을까?" "부모님 속을 왜 그렇게 썩혔을까?"하고 후회하며 흐느껴 울기 시작하니 모든 학생이 따라서 울었습니다. 그러니 선생님들도 울고, 졸업식에 참여한 부모님들도 울고, 설교하러 단상에 올라간 나도 울어 졸업식장이 울음바다가 되었습니다. 그런 졸업식을 치르고서 나는 힘들여 학교를 세운 보람을 느꼈습니다. 내 생애에서 최고로 잘한 일이란 긍지를 느끼게 되었습니다.

학교가 시작되고 2년쯤 지난 어느 날 대구에서 고등학교 2학년에 퇴학당한 학생이 찾아왔습니다. 대구에서 두레마을을 잘 아는 어느 교수님의 추천서를 지니고 왔습니다. 사정을 들으니 퇴학당할 만도 했습니다. 선생님을 머리로 들이받아 이빨 4개를 부러뜨린 일로 퇴학당하였던 것입니다. 나는 기가 죽은 자세로 내 앞에서 머리를 숙이고 있는 그가 측은한 생각이 들었습니다.

먼저 그를 위로하는 말로 대화를 시작하였습니다.

"너 참 고생 많았다. 선생님께 맞기가 쉽지, 때리기가 쉽겠냐. 모르긴 하지만 선생님이 네 자존심을 무지하게 짓밟아서 에라 모르겠다 하고 들이박은 거지? 그러니 얼마나 힘들었겠냐!"

그랬더니 생각 외로 그가 눈물을 훔치며 답하였습니다.

"목사님, 그렇게 말해 주시니 고맙습니다. 그간에 정말로 힘들었습니다."

그의 눈물을 보고 직감적으로 느꼈습니다.

"이 학생은 장래성이 있겠구나. 두레학교에 적합한 학생이로구나" 하는 생각이 들었습니다.

두레자연고 학생 축제

78
하나님께 빚진 자

나는 그의 상한 마음을 위로하기 위해 부드러운 소리로 물었습니다.

"그래, 어쩌다 그런 사고를 겪게 되었는가?"

"목사님 말씀이 맞습니다. 선생님이 내 자존심을 너무 상하게 하여 에라 모르겠다 하는 마음으로 헤딩으로 박았는데 선생님이 제때 피하지 않아서 이빨이 넷이나 나가게 되었어요. 그다음 주에 난 퇴학당하고, 아버지는 노해서 넌 내 자식이 아니라고 외면하고, 친구들도 외면하고, 외로워서 교회까지 가 봤는데 이미 소문이 나서 교회에서도 날 문제아라고 외면하고 하여 너무 힘들었습니다."

그러면서 눈물을 훔치는 그가 측은히 여겨져 일러 주었습니다.

"그래, 고생이 많았다. 선생님들께 말해서 너를 받아 주라 할 테니 앞으로는 헤딩을 할 땐 언제 한다고 말해 주라. 그래야 제때 피할 거 아닌가?"

그는 두레학교 학생이 된 후로 딴 사람처럼 바뀌게 되었습니다. 지금은 사회인으로 건강하게 살고 있습니다. 청소년들의 나이는 가능성이 있는 나이입니다. 잠시 일탈하여 문제아가 되었다가도 어떤 계기나 동기가 부여되면 새 출발 할 수 있습니다.

그러기에 우리 주위의 소위 문제아들에 대하여 버린 사람처럼 낙인 찍어선 안 됩니다. 두레자연중고등학교 학생들의 경우 입학할 때는 문제아로, 퇴학생으로 입학하였지만, 학교에 들어와서 인정받고 선생님들과 동료 학생들 간에 좋은 관계가 이루어지게 되면서 삶이 변하게 됩니다. 이제 학교가 세워진 지 20년을 넘어서게 되었습니다.

졸업생 중에는 일반 학교 학생보다 오히려 더 좋은 결과를 내는 경우가 많습니다. 지난 겨울 졸업생들 모임이 있었는데 현직 검사가 둘이고 판사도 있고 목사도 있고 사업에 성공하여 모교에 지원금을 내는 경우까지 있게 되었습니다. 졸업생들이 사회 각계각층에서 좋은 활동을 하는 모습을 보면서 어려운 조건에서 희생을 무릅쓰고 대안학교를 세운 보람을 느낄 수 있었습니다.

우리 자녀들의 가능성에 대한 한 실례로 나의 막내아들의 경우가 대표적인 예가 되겠습니다. 내가 남양만 두레마을에서 목회하고 있을 당시 아들은 지역 초등학교에 다니고 있었습니다. 그가 초등학교 3학년이었을 때입니다. 통지표를 받아왔는데 산수가 30점에 등수가 36명 중에 30등이었습니다.

나는 30점을 받은 그가 신기한 생각이 들어 "아들아, 연필을 뒹굴어도 50점은 될 텐데 어떻게 30점을 받을 수 있니?" 하고 묻기까지 하였습니다. 나는 그런 그에게 물었습니다. "사람마다 특기라는 것이 있는데 자신이 가장 좋아하는 것이 자신의 특기가 되는 거야. 너도 좋아하는 것이 있을 테니 무엇이야?" 하였더니 아들이 말했습니다.

"아버지, 난 곤충을 좋아해요"

나는 이 말을 잘 기억했다가 서울에 간 길에 교보문고에 들러 물었습니다.

"혹시 프랑스의 곤충학자 파브르가 쓴 곤충기의 초등생을 위해 풀어 쓴 책이 있나요?"

교보문고 직원이 "마침 파브르 곤충기를 초·중생을 위해 쓴 10권짜리 해설서가 나왔습니다" 하기에 구입하여 아들에게 생일 선물이라며 주었습니다.

79
하나님께 빚진 자

　아들에게 파브르의 곤충기를 건네준 지 20일 정도 지났을 때입니다. 밤 1시가 지났는데 아들 방에 불이 켜져 있기에 "이 녀석이 불을 끄지 아니하고 자는가?" 하여 불을 끄려고 들어갔더니 아들이 책을 읽고 있었습니다. 내가 "니가 웬일이니? 밤 1시가 지나는데 책을 읽고 있다니" 하고 물었더니 아들이 "아버지가 사 주신 책이 재미있어요" 하는데 이미 4권째를 읽고 있었습니다.
　자기 취미에 맞는 책을 만나니까 밤낮없이 읽게 된 것입니다. 기특히 여겨져 격려해 주었습니다. 그 뒤로 아들이 친구들 사이에서 "곤충박사"란 별명이 붙게 되었습니다. 파브르의 곤충기 10권을 읽고, 읽고, 또 읽어 그런 별명이 붙게까지 된 것입니다.

　중요한 것은 그 뒤부터입니다. 파브르 곤충기로 책 읽기에 재미를 붙이게 된 후로 공부에 집중하더니 자신의 노력으로 미국 코넬대학에 입학할 수 있게 되었습니다. 코넬대학이 미국 아이비리그에 속하는 명문 대학인데 아들이 그 학교에 당당히 입학하여 기숙사로 들어간 후 내가 신통하여 국제 전화를 걸어 그에게 아버지로서 고맙다는 말을 하였습니다.

그가 답하기를 "내가 이런 좋은 학교에 들어올 수 있게 된 것은 아버지 덕분이지요" 하기에 내가 "너를 시골로, 개척지로 데리고 다니면서 고생만 시켰는데 아버지 덕이란 말이 해당되지 않는 것 같구나" 하였더니 전화로 답하였습니다.

"아버지, 내가 초등학교 때 30점 받아 왔을 때 다른 아버지 같으면 꾸중하였을 텐데 아버지는 오히려 격려해 주었습니다. 그리고 파브르 곤충기를 사다 주셨잖습니까? 그 뒤로 공부에 취미를 들여 열심히 공부하다 보니 여기까지 오게 된 것이지요. 그래서 아버지 덕이란 겁니다"

아들의 말에 나는 뿌듯한 기쁨을 느낄 수 있었습니다. 청소년 시기에는 누구나 가능성이 있습니다. 그 가능성은 좋아질 가능성이 되기도 하고 나빠질 가능성이 되기도 합니다.

그 아들이 지금은 미국에서 연봉 10만 달러 월급도 마다하고 두레국제학교에서 학생들과 같이 지내고 있습니다. 이 일이 가장 보람되다면서 열성을 다하여 학생들의 친구가 되고 있습니다. 10년 전에 지금의 동두천 두레마을에 세워진 두레국제학교는 교사진이 탁월합니다. 학생들도 우수한 학생들이 많이 모였습니다. 모두가 보람을 찾아 삶의 의미를 찾아 모인 교사들이기에 학생들과 함께 즐거운 학교생활을 하고 있습니다.

두레마을 개울

내 삶을 이끌어 준

아홉 번째 말씀

둘이 하나가 되리라

여호와의 말씀이 또 내게 임하여 이르시되
인자야 너는 막대기 하나를 가져다가 그 위에
유다와 그 짝 이스라엘 자손이라 쓰고 또 다른 막대기 하나를 가지고
그 위에 에브라임의 막대기 곧 요셉과 그 짝 이스라엘 온 족속이라 쓰고
그 막대기들을 서로 합하여 하나가 되게 하라 네 손에서 둘이 하나가 되리라

(에스겔 37장 15~17절)

80
둘이 하나가 되리라

이 말씀은 통일의 비전입니다. 통일이 다른 사람 아닌 영적인 사람들로부터 시작된다는 내용입니다. 이스라엘이 솔로몬 이후 그의 아들 대에서 북 이스라엘과 남 유다로 분열된 이후 둘은 서로 다투며 힘든 세월을 보냈습니다. 남과 북의 통일은 그들이 직면한 민족 생존의 문제였습니다.

민족의 지상 과제인 통일의 문제가 하나님의 사람 에스겔의 환상을 통하여 먼저 이루어지게 되었습니다. 나는 이 말씀을 읽으며 북한의 막대기와 남한의 막대기가 먼저 교회를 통하여 성취되는 비전을 봅니다.

1990년대에 북한의 굶주림이 극심하여 굶주림으로 죽어가는 동포들이 날로 늘어난다는 소식에 안타까움을 금할 수 없었습니다. 그래서 북한 사정이 어떤지를 직접 가서 보고 싶었습니다. 북한을 방문할 수 있는 길을 찾다가 마침 미국에 간 길에 뉴욕으로 가서 북한 유엔 대표부를 찾아갔습니다. 대표부에 가서 남조선 농촌에서 일하고 있는 목사인데 북한 농촌과 농민들을 도울 수 있는 길이 없을까 하여 북한을 방문하기를 원한다. 가능하다면 북한을 방문할 수 있는 길을 열어 달라고 하였습니다.

나의 신상 명세를 자세히 묻더니 한 달 뒤에 오라 하였습니다. 아마 한 달간 나의 성분을 조사하려는 기간이겠거니 여기고 한 달 뒤에 다시 갔더니 반색을 하면서 "조국에서 김 동지의 래방을 적극 환영합네다" 하며 초청장을 주었습니다. 귀국 후 국정원의 내 담당에게 자초지종을 설명하고는 수속 절차를 거쳐 평양 방문길에 올랐습니다.

평양에 도착하여 모란봉 산 중턱에 있는 고려호텔에 방을 정하고 짜 놓은 일정에 따라 일주일 가까이 보냈습니다. 일정이라야 내가 가고 싶은 곳을 갈 수 있는 것이 아니라 그들이 정한 곳들만 방문할 수 있었습니다. 마음에 내키지 않았지만, 첫 방문이라 아무 말 없이 따랐습니다.

3일째 되는 날 고위층과 만찬을 나누는 중에 그들이 나에게 물었습니다.

"김 선생께서 조국을 왜 도우시려 합네까?"

나는 그들의 자존심을 상하게 하지 않으려고 조심스레 일러 주었습니다.

"몇 해 전 남한이 큰물 피해를 당하여 국민들이 어려움을 당하였을 때 북한에서 쌀과 옷감을 보내 주었다. 우리 마을에서도 그때 보내 준 쌀로 밥을 지어 함께 먹으면서 고마운 마음에 마을 잔치를 열어 함께 먹었다. 마을 사람들이 '이밥이 웬 밥이냐. 북녘 동포들이 보내준 쌀로 지은 밥이다. 고마운 마음으로 먹자. 앞으로 북녘 동포들이 어려움을 당할 때는 우리가 도와주자' 하였는데 들으니 지금 북한이 어렵다 하니 이번엔 우리가 도우려 한다."

이렇게 내가 차근차근 일러 주었더니 그들의 마음에 닿는 듯하였습니다.

81
둘이 하나가 되리라

"김 선생께서 조국에 무엇을 도울 수 있겠습네까?"

나는 2가지를 제안하였습니다.

첫째는 고아들을 돕고 싶다. 둘째는 농촌에서 두레마을이란 농장을 경영하고 있으니, 평양과 묘향산 가까운 곳에 두레농장을 세워 남한의 농업 기술과 종자, 농기구 등을 들여와 북한에 도움 되는 시범농장을 운영하고 싶다 하였습니다. 다음 날 다시 만나 논의를 계속하자기에 그렇게 하기로 하고 식사를 마쳤습니다. 자신들이 결정하는데 시간이 필요할 것으로 짐작이 갔습니다.

내가 시범 농장으로 평양과 묘향산 사이 어느 곳을 말한 것은 일정 중에 묘향산에 세워진 김일성 기념관을 시찰하러 가는 도중에 도로 양편에 있는 산들을 둘러보고 마음이 아팠기 때문입니다. 승용차로 2시간 가까이 달렸는데 양편 산에 나무 한 그루 없는 산들이 즐비한 모습을 보고 나는 차를 세워 달라 하여 소변보는 시늉을 하며 산들을 살폈습니다.
어쩜 그렇게 산 전체에 나무 한 그루 없는 산들이 즐비하였습니다.

그렇게 헐벗은 산 아래 이삼십 세대 집들이 마을을 이루고 있었는데 농가들이 마치 헛간같이 볼품없는 집들이었습니다. 그런 농촌에 한 마을을 시범 마을로 세우고픈 마음이 솟았기에 그런 제안을 하였습니다.

다음 날 만났을 때에 고아원 돕기로는 혁명 열사들의 자녀들을 위해 세워진 〈ㅇㅇ특별고아원〉을 지원하여 주면 좋겠고 시범 농장 건은 평양 부근은 아직 이르고 첫 시작은 함경도의 나진·선봉 지역에서부터 시작하면 좋겠다 하였습니다. 나는 답하기를 〈ㅇㅇ특별고아원〉은 보아하니 특수한 고아원 같은데 그런 곳 말고 변두리에 있는 가난한 고아원을 정해 주면 좋겠다 하였습니다.

그리고 시범 농장 건은 우선 변두리에서 시작하여 서로 신뢰를 쌓아가면서 평양 부근으로 옮겨 오자는 안이 이해된다 하였습니다. 그래서 평양을 떠나기 전에 함경도 변두리 지역의 나진·선봉 지역에서 고아원 운영과 시범 농장을 설립, 운영키로 합의하였습니다.

출발하기 전날 담당에게 한 가지 요청이 있는데 평양시 변두리에 있는 농촌 마을 한 곳을 방문하게 해 달라고 하였습니다. 그가 아마 어려울 것 같다고 하기에 내가 어렵사리 평양까지 왔는데 내가 원하는 것 한 가지는 들어주어야 하지 않겠느냐, 일단 상부에 건의는 해 봐 달라고 강하게 말했습니다.

82
둘이 하나가 되리라

다음 날 아침 보안사령부 소속 나의 담당이 웃음 띤 얼굴로 나에게 "김 선생, 허가가 났습니다. 오늘 농촌 마을로 모시겠습니다" 하기에 그를 따라나섰습니다. 평양 시가지를 벗어나 농촌 지역으로 들어서게 되었는데 목적지에 이르기 전 마을 몇을 지나게 되었습니다. 마을들을 지나며 유별나게 눈에 띄는 모습이 있었습니다.

마을마다 중간쯤에 군인이 총을 메고 서 있는 모습이었습니다. 나는 담당에게 물었습니다.

"농촌 마을마다 왜 군인이 보초를 서고 있나요?"

그랬더니 그가 퉁명스레 답하였습니다.

"김 선생, 그런 거 신경 쓰지 마시라요."

나는 더 궁금증이 일어나 "신경 좀 씁시다. 군인이 전선을 지켜야지 농촌 마을을 왜 지키나요?" 하고 물었더니 그는 아무 말도 하지 아니하고 입을 다물었습니다. 마을에 이르렀더니 마침 옥수수를 심는 날이었습니다. 옥수수를 벼처럼 모판에서 길러 한 포기, 한 포기씩 심고 있었습니다.

마을 대표에게 "옥수수를 그렇게 한 포기씩 심으면 노력에 비하여 수확이 너무 낮을 텐데요" 하였더니 마을 대표인 분이 내 얼굴을 보지 아니하고 담당 얼굴을 보며 답을 하지 않았습니다. 후에 가을 추수철에 나진·선봉으로 들어가는 길에 보니 옥수수밭마다 군인이 총을 들고 옥수수밭을 지키고 있는 모습을 보게 되었습니다.

마을마다 집단 농장을 이루어 농사를 짓는데 농사가 끝나면 모두 정부에 바치고 정부에서 배급 주는 식량으로 살아가는 제도였습니다. 그런데 배급량이 점차 줄어들게 되니 자신들이 농사지은 밭에 몰래 들어가 따 가는 모습을 보며 슬펐습니다. 북한 사람들도 남한 사람과 다를 바 없는 사람들인데 그릇된 체제 아래 사는 탓에 그렇게 살아가는 모습에 슬펐습니다.

평양에서 내가 머무는 호텔인 고려호텔 2층에는 서점이 있습니다. 나는 갈 때마다 서점에 들러 새로 출간된 책들을 구입하곤 하였습니다. 특히 눈에 띄는 책이 『김일성 동지 회고록 세기와 더불어』란 책 8권과 『김정일의 주체사상에 대하여』란 책이어서 모두 구입하여 열심히 읽었습니다.

〈주체사상에 대하여〉에서 한 부분을 인용합니다.

'인간 개조는 본질에 있어서 사상 개조입니다. 사람들의 가치와 품격을 결정하는 것은 사상이며 따라서 사람을 개조하는 데서 무엇보다도 중요한 것은 사상을 개조하는 것입니다. 사상 개조는 사람들의 물질생활 조건을 개변하는 사업이나 그들의 문화 기술 수준을 높이는 사업보다 더 어려운 사업입니다. 낡은 사상 잔재는 매우 보수적이고 집요합니다. 사상 개조는 복잡하고 장기성을 띠는 사업이며 정력적으로 투쟁하여야 성과를 거둘 수 있습니다.'

김정일 『주체사상에 대하여』 70 페이지

83
둘이 하나가 되리라

평양에 갈 때마다 내가 머무는 숙소가 모란봉 중턱에 있는 고려호텔입니다. 고려호텔에서 산을 끼고 조금만 가면 김일성 동상이 세워져 있습니다. 평양 시가지와 대동강의 흐름이 한눈에 들어오는 명당자리입니다. 나는 평양을 방문할 때마다 그 자리를 찾아가 동상 주위를 몇 바퀴씩 돌곤 합니다. 돌면서 마음속으로 생각하는 것이 있습니다. 밧줄을 동상 목에 걸어 어느 자리에서 당기면 잘 무너질 것인가를 생각합니다.

내가 그런 생각을 하는 특별한 이유가 있습니다. 그 자리가 바로 1907년에 일어나 한국교회 부흥의 출발점이 되게 하였던 장대현교회가 서 있던 자리이기 때문입니다. 그 유서 깊은 교회를 헐고 그 자리에 김일성 동상을 세웠습니다. 나는 한국교회 목사의 한 사람으로 그 동상을 헐고 장대현교회를 복원하는 것이 주어진 사명이라 생각합니다.

그 후로 절차를 밟아 두만강 다리를 건너 나진·선봉으로 가서 고아원과 농장을 세우게 되었습니다. 고아원 세우기는 성공을 하여 북한 전국에서 가장 좋은 고아원이 되어 남북 관계가 끊어져 있는 지금도 그 고아원만큼은 유지되고 있습니다. 북한에서 일할 때는 지혜로워야 합니다. 고아원을 시작하던 때의 이야기입니다.

나진·선봉을 방문하면서 100달러짜리 현금을 3만 달러 준비하여 주머니에 넣고 갔습니다. 나진·선봉시 인민위원장을 만나 고아원 사역을 시작하기로 합의한 후에 내가 한 가지 조건을 내세웠습니다.

"고아원을 설립하여 운영함에 한 가지 조건이 있습니다. 이 조건이 허락되지 않으면 오늘 이야기는 없던 것으로 하겠습니다."

내 말에 그들이 움찔하며 말했습니다.

"조국의 일에 무슨 조건이 필요합네까?"
"조국을 돕는 일이니까 시작하는 때부터 분명한 조건이 있어야지요."

인민위원장이 "그럼 조건을 말해 보시라요" 하기에 "고아원 운영을 직영直營할 수 있도록 허락해 주십시오. 건축에서부터 운영 전체를 우리가 직영하도록 허락해 주십시오." 하였더니 한국의 시장市長격인 인민위원장이 딱 잘라 말했습니다.

"우리 공화국에는 그런 법이 없습네다. 필요한 예산을 넘겨주면 우리가 알아서 운영합네다."

나는 산전수전 겪으며 일해 온 터라 그런다고 그 말에 곱게 물러날 만큼 순진한 사람이 아닙니다. 나는 분명히 일러 주었습니다.

"이 고아원은 세계에 흩어져 사는 동포들의 성금을 모아 운영합니다. 그러기에 나에게는 책임이 있습니다. 이번에도 성금 3만 달러를 준비하여 왔는데 자체 운영의 조건이 허락되지 않으면 이 기금을 가지고 그냥 돌아가겠습니다."

나는 안주머니에 있는 3만 달러를 끄집어내어 흔들며 보여 주었습니다.

84
둘이 하나가 되리라

내가 달러를 보여 주며 완강히 주장해도 우리 공화국 방침이 그렇게 허가해 줄 수 없노라고 거듭 말하기에 그럼 나도 어쩔 수 없으니 고아원 문제는 없던 것으로 하고 귀국하겠노라고 확실하게 이야기하였습니다. 그리고 헤어졌는데 사람을 보내 거듭 그냥 지원금으로 주라고 요청하기에 나 역시 그럴 수 없노라고 굽히지 않았습니다.

출발할 시간이 되어 짐을 꾸리고 있는데 출발 30분 전에 담당관이 와서 말했습니다.

"김 선생 고집이 대단합네다. 김 선생 주장대로 하갔시다."

그런 과정을 거쳐 고아원을 짓는 작업부터 하였는데 목수팀을 중국 연변에서 데려오고 시에서 추천하는 분과 반반으로 건설팀을 구성하여 공사를 진행하였습니다. 건축을 마치고 결산하니 275,000 달러로 지을 수 있었습니다. 같은 시기에 서울의 한 대형교회에서 우리 고아원과 비슷한 규모로 건축하였는데 시에서 요청하는 대로 지출하였더니 무려 10배 가까운 3백만 달러가 들었습니다.

북한 당국과 무슨 일을 할 때는 이런 원칙을 세우고 그 원칙대로 진행하여야 합니다. 그렇지 않고 하자는 대로 하다가는 그렇게 10배 가까운 비용을 치르게 됩니다. 우리 정부에서나 민간 기구에서나 북한 돕기를 할 때는 반드시 지켜야 할 원칙입니다. 고아원 건축을 진행하면서 시범 농장 세우는 일에 착수하였습니다. 중앙에서 진행하라는 지시가 내려온 사안이어서 쉽게 진행되었습니다.

 나진·선봉 시 인민위원장의 지시를 받은 농산 국장이 나를 한 언덕 위로 데려갔습니다. 언덕 아래로 보이는 밭을 가리키며 "김 선생, 경작하고 싶은 땅을 어드메서 어드메까지 골라잡으시라요" 하길래 내가 "아니 이 밭을 경작하고 있는 주인들이 있을 텐데 그냥 골라잡으라니요" 하였더니 나를 나무라는 말투로 일러 주었습니다.

 "거 자본주의 식으로 생각 마시라요. 모두가 인민의 땅이요, 수령님의 땅인데 땅 주인이 어찌 따로 있습네까? 김 선생께서 정하는 만큼 배정하고 지금 농사짓고 있는 농민들은 다른 땅으로 배치히면 되는 기지요."

 사회주의, 공산주의식 일 처리가 간단하구나 하는 생각을 하며 3, 4만 평 정도 되는 땅을 지적하였더니 그 자리에서 결정하였습니다. 땅이 정하여지자, 나는 그 땅의 토양을 살펴보고 싶어 밭으로 다가갔습니다. 시기가 11월 초순이어서 이미 가을걷이가 끝난 시기였습니다.

밭에 수숫대만큼 크기의 대강이 줄을 지어 있기에 "올해 수수 농사를 지었구먼요?" 하고 물었더니 "아닙네다. 수수가 아니고 옥수수입니다" 하기에 "옥수수 대강이 이 정도였으면 수확량이 볼품없었겠는데요" 하였더니 "잘 아시네요. 하늘이 하는 걸 사람이 당할 수 없었지요. 가뭄이 오래 가다가 폭우가 쏟아져 홍수를 일으켰으니 당해 낼 도리가 없었시요."라고 한숨을 쉬며 말합니다.

북한의 굶주린 주민을 돕기위한 씨감자 선적

85
둘이 하나가 되리라

나는 그 말을 들으며 밭의 흙을 한 주먹 쥐고 바람결에 뿌려 보았습니다. 흙이 마치 먼지처럼 바람에 날려 흩어졌습니다. 흙덩이가 바람에 날려가는 것을 보고 농산 국장에게 일러 주었습니다.

"금년 농사가 흉작이 된 것은 하늘 탓이 아닙니다. 사람 탓입니다. 보세요, 흙이 덩어리가 되어있어야 유기질 성분이 많아 농사가 잘되는데 흙에 거름기가 없으니 마치 밀가루처럼 바람에 날려가잖습니까? 오래도록 거름을 넣지 않아 토양이 메말라서 수확이 되지 않는 것입니다."

농산 국장은 할 말을 잃고 나만 바라보며 말했습니다.

"김 선생께서 전문가이시니 잘 가꾸어서 인민들에게 교육장으로 활용해 주시라요. 시에서는 적극 협력하겠시다."

이래서 나진·선봉 두레농장이 시작되었습니다. 귀국해서 두레마을에서 헌신적인 일꾼 셋을 데리고 가면서 종자, 가벼운 농기구 등을 챙기고 가서 3년 안으로 좋은 농장을 만들자 다짐하고 시작하였습니다다. 문제는 토양을 비옥하게 할 거름을 구할 수 없는 점이었습니다. 여러 가지로 고심하던 중에 우리 밭 가까운 산 아래 높다란 언덕이 있기에 무슨 언덕인가 살펴보았더니 대박이었습니다.

토탄土炭 더미였습니다. 옛적에 나무는 석탄이 되고 숲은 토탄 혹은 이탄이 되었습니다. 함경도에서 만주를 거쳐 사할린 지경까지가 세계에서 최고 양질의 토탄이 있는 지역인데 우리 밭가에 그 토탄 더미가 있었습니다. 토탄을 제대로 발효시키면 최상의 퇴비 역할을 할 수 있습니다. 나는 한국에서 미생물을 가져다가 발효시켜 두껍게 밭에 뿌려 두니 토양이 변하기 시작하였습니다.

그해부터 감자를 심었습니다. 북한의 감자는 자주색 감자로 종자가 퇴화되어 수확량이 적은 데다 바이러스가 심하여 곰보 감자였습니다. 우리는 종자 개량부터 시작하여야 할 것 같아 대덕단지 과학자들이 개발한 신품종 감자를 4만 개 구입하여 심었습니다. 소문을 듣고 평양 김일성대학 농대에서도 신품종 감자 얻으러 왔기에 적절한 양을 나누어 주었습니다.

우리가 계획하였던 바대로 3년 만에 풍작이 되었는데 감자 캐는 날 집단 농장의 농민들의 손을 빌려 캐는데 아낙네들이 연방 감탄하는 소리가 들렸습니다.

"야, 한 뿌리에 8개나 열렸시오."

"이쪽은 10개나 열렸시오."

뒤에 서서 지키던 정치보위부 담당관이 듣기가 거북하였던지 "그만들 하시라요. 감자를 입으로 캡니까?" 하니 조용하여졌습니다.

그런데 문제는 그다음 주에 우리더러 철수하라는 명령이 당국으로부터 떨어졌습니다. 나는 의아하여 시 인민위원장을 찾아가 "아니, 농사가 잘되고 농장이 자리 잡혀 가는데 왜 철수하라는 기요?" 하고 따지듯이 물었습니다. 그가 낮은 목소리로 말했습니다.

"김 선생, 너무 빨리 잘 됐시요. 천천히 잘 돼야 하는 것인데 3년 만에 달라지니 중앙에서 소문을 듣고 인민들의 관심이 그리로 쏠리기 전에 철수시키란 명령이 내렸시요. 우리도 안타깝습니다. 일단 철수하셨다가 다른 기회를 만들어 보시자구요."

나는 그 말에 할 말을 잃고 그냥 물러섰습니다.

86
둘이 하나가 되리라

평양의 지시를 지방에서 받아들이지 않을 수 없을 것을 아는지라 섭섭하지만 조용히 물러나겠다 하였더니 시 인민위원장이 미안하고 섭섭하다며 점심식사를 대접하겠다 하여 단고기 집으로 초대하였습니다. 북에서는 개고기를 단고기라 합니다. 그런데 그 단고기가 냉장고에 보관되어 있었는데 전기가 수시로 나갔다 들어왔다 하니까 전기가 나갔을 때는 고기가 녹고 전기가 다시 들어오면 다시 얼고를 몇 차례 되풀이하게 되어 변질이 되었습니다.

그걸 모르고 귀한 손님 잘 대접한다고 해서 대접받았는데 그날 밤에 죽을 고비를 넘기게 되었습니다. 아래로 위로 토하고 말 그대로 사경을 헤매게 되었습니다. 사람이 이렇게 죽는 게로구나 하는 생각이 들어 두 손 모아 기도드렸습니다.

"하나님 도와주십시오. 내가 개고기 먹다가 죽으면 순교도 아니고 어떻게 됩니까? 살아서 귀국하여 해야 할 일 하고 싶습니다. 제발 죽지 않게 손써 주십시오."

이렇게 기도드리고 있는데 소식을 들은 담당과 시 사람들이 오더니 나의 심각한 사정을 보고는 나를 들것에 눕히고는 보건소 비슷한 곳으로 데려갔습니다. 그곳에서 정말 놀랐습니다. 옆방에서 맹장염 수술을 하는데 마취약이 없으니까 생 배를 째는데, 얼마나 아프다고 소리를 지르는지 병원이 아니라 수라장이었습니다.

의사와 간호사가 한밤중에 동원되어 나를 치료한답시고 링겔 주사를 놓으려 하는데 링겔 병이 맥주병 같은 병에 노끈으로 묶은 병으로 주사를 놓으려 하기에 내가 소름이 끼치면서 저걸 맞다가 잘못되면 죽을 것 같은 생각이 들어 제지 시키고 차를 대절하여 중국 연길로 나왔습니다. 다행히 연길병원 응급실에 입원하여 치료 받고 회복되었습니다.

나는 지금도 북한 동포들을 생각하면 밤잠을 설치는 날들이 있습니다. 그들도 우리와 꼭 같은 사람들인데 체제를 잘못 만나 치료 한 번 제대로 받지 못하고 죽어갑니다. 식량이 없어 지금 아사자들이 속출하고 있습니다. 그런데 김정은은 미사일을 연방 쏘아 올리고 핵무기 만드는데 예산을 쏟아 붓고 있습니다. 그 핵무기는 사용하지도 못할 무기입니다. 그걸 쓰는 날이면 김정은과 그 정권은 지구상에서 사라지게 됩니다.

1960년에는 남한의 국민 소득이 78달러였고 북한은 242달러였습니다. 그 시절까지는 북한이 남한보다 3배 더 잘 살았습니다. 그러나 그 후로 소득이 역전하여 지금은 남한 경제력과 국력이 북한에 비하여 60배가 넘습니다. 통일에 대하여 북한 돕기에 대하여 이러쿵저러쿵 말들이 많지만 길은 오로지 한 길입니다. 김정은 정권 무너뜨리고 민주 통일하는 길입니다. 그날이 가까이 오고 있음을 나는 확신합니다.

농장에서 생산된 곡식을 북한 동포를 위해 사용하려고
중국 연변에 세웠던 연변 두레마을

아홉 번째 말씀 둘이 하나가 되리라

내 삶을 이끌어 준

열 번째 말씀

하늘로부터 오는 소리

백성이 다 세례를 받을새 예수도 세례를 받으시고
기도하실 때에 하늘이 열리며 성령이 비둘기 같은 형체로
그의 위에 강림하시더니 하늘로부터 소리가 나기를
너는 내 사랑하는 아들이라 내가 너를 기뻐하노라 하시니라

(누가복음 3장 21~22절)

87
하늘로부터 오는 소리

30세 되던 해에 두레 선교를 시작한 이래 세월이 흘러 흘러 70세에 이르러 은퇴 예배를 드리게 되었습니다. 그날 설교에서 말했습니다.

"은퇴를 영어로는 retire라고 표현합니다. 그런데 이 단어에서 액센트를 앞에 붙이면 의미가 달라집니다. RE-tire가 되면 '자동차 타이어를 다시 갈아 끼운다'라는 의미가 됩니다. 이 단어를 풀어 이해하면 의미가 달라집니다. 자동차 타이어를 다시 갈아 끼우듯이 다시 시작한다는 의미가 됩니다. 나는 그런 의미에서 retire가 아닙니다. RE-tire입니다. 목사가 은퇴하는 나이인 70세에 이르러 은퇴하되 내 인생이 은퇴하는 것이 아닙니다. 다시 시작하는 것입니다. 하늘의 부르심을 받아 천국으로 옮겨갈 때가 언제일지는 모르지만, 그때까지 일하다 가려고 다시 시작합니다."

이렇게 고별인사를 한 뒤로 내 퇴직금을 몽땅 털어 지금 일하고 있는 동두천 쇠목골 산골짜기에 버려진 산 8만 평을 구입하였습니다. 산돼지들이 사는 돌산입니다. 이 산에 삶의 터전을 잡자 내 친구들이 와서 보고 흉을 보았습니다.

"김진홍, 너 치매 걸린 거 아니야? 나이 들어 이렇게 쓸모없는 돌산에 와서 무얼 하겠다는 거냐?"

그러기에 다음 같이 일러 주었습니다.

"이 사람들아, 문전옥답 기름진 땅은 누구나 가꿀 수 있잖는가? 이렇게 쓸모없는 돌산을 가꾸어 쓸모 있는 땅으로 가꾸어 나가야 전설이 되고 역사가 되는 게야. 지금 자네들이 보기에 그렇게 보이겠지만 10년 후에 다시 와 봐."

2011년 10월 어느 날이었습니다. 그렇게 말한 지 어언 11년이 지나서 12년째에 들어섰을 때였습니다. 그때 그 친구들이 와 보고는 놀라며 말합니다.

"야, 이거 천지개벽한 거 아닌가."
"지금은 시작이야. 10년 후에 다시 와 봐. 인생은 도전이야. 나이 들었다고 노인 행세하고 살면 인생 마무리가 멋이 없잖는가. 사람은 모름지기 마지막이 좋아야 하는 기야."

어깨를 펴고 그렇게 말하였습니다. 내가 인생 마무리를 위하여 이곳을 선택하게 된 내력을 쓰겠습니다.

88
하늘로부터 오는 소리

　30세 되던 1971년 10월 3일에 목회를 시작하여 40년 만인 70세에 은퇴하면서 은퇴 후에 어떻게 살 것인가 생각하며 기도하였습니다. 나는 40년 목회 생활을 하면서 엎치락뒤치락 곡절이 많았습니다. 실수도 많았고 허물도 적지 않았습니다. 말하자면 연습하다 40년 세월이 간 셈입니다. 그런데 이제 철들만 하니 은퇴할 나이가 되었습니다.

　그래서 생각하기를 언젠가 천국으로 가서 예수님 앞에 설 때에 예수님께서 물으시기를 "김진홍, 넌 세상에서 무얼 하다 왔냐?" 하고 물으시면 "연습하다 왔습니다" 할 것인가 하는 생각이 들어 다시 한 번 시작하자는 생각이 들었습니다. 그렇다면 어디 가서 무슨 일을 할 것인가를 고심케 되었습니다. 그래서 찾아낸 곳이 동두천 쇠목골 골짜기입니다.

　먼저 지금 한국교회에 가장 필요한 것이 무엇일까? 한국교회가 가장 필요한 부분에 남은 삶이 도움 되게 하자는 생각이 들어 이 점을 생각하였습니다.

　"영성이다. 한국교회에 가장 필요한 부분이 올바른 영성이다."

깊은 생각 끝에 내린 결론이었습니다. 그래서 생각한 것이 수도원입니다.

"수도원 운동으로 한국교회에 도움이 되게 하자."

그렇다면 어느 곳에 두레 수도원을 세울 것인가를 생각하다 찾아낸 곳이 지금의 동두천 쇠목골 산골짜기입니다. 이곳은 지도상으로 한반도의 중심입니다. 산 너머에 지적협회에서 세운 한반도 중심이라 표시한 말뚝이 세워져 있습니다. 이 골짜기에 조그만 컨테이너를 놓고 5일간 금식하면서 산을 오르내리며 "이곳이 내 남은 삶을 바쳐 일할 만한 곳인가"를 살폈습니다.

목마르면 골짜기에 흐르는 개울물을 마시며 기도하였습니다. 5일간의 금식기도 끝에 "바로 이곳이다"는 결론에 이르게 되었습니다. 그리고 받은 말씀이 누가복음 3장 21절과 22절의 말씀입니다.

"백성이 다 세례를 받을새 예수도 세례를 받으시고 기도하실 때에 하늘이 열리며 성령이 비둘기 같은 형체로 그의 위에 강림하시더니 하늘로부터 소리가 나기를 너는 내 사랑하는 아들이라 내가 너를 기뻐하노라 하시니라"

이 말씀에서 3가지 기도 제목을 찾았습니다. 이들 3가지가 지금의

한국교회에 꼭 필요한 말씀이란 확신을 얻게 되었습니다.

첫째는 하늘이 열리기를 간구합니다.
둘째는 성령이 임하기를 간구합니다.
셋째는 하늘로부터 소리 듣기를 간구합니다.

이들 3가지 기도 제목을 가지고 이 골짜기에서 열심히 살다가 천국으로 옮겨 가자는 결론에 이르렀습니다.

89

하늘로부터 오는 소리

나는 두레 가족들과 모여 합심 기도하면서 두레수도원과 두레마을의 생활훈 生活訓 으로 3가지를 정하였습니다.

1) 늙어서 일하자
2) 행복하게 살자
3) 베풀며 살자

첫째 "늙어서 일하자"부터 생각해 봅니다.

우리나라에는 65세 이상의 노인 인구가 900만에 이릅니다. 얼마 지나지 않으면 일천만을 넘어서게 됩니다. 이 많은 인구가 일하지 않고 소비만 하면 자신들은 물론이려니와 자녀들에게, 국가에 큰 부담이 됩니다. 그래서 늙은이들이 자신의 역량에 맞는 일을 찾아 일하며 살자는 것입니다.

지금 내 나이 82세입니다. 지금도 밭일하고 과일나무 기르고 마을 청소하며 일하며 지냅니다. 이렇게 사는 것이 건강에도 좋고 정신 위생에도 좋습니다. 그리고 가벼운 일을 하면 창의력도 높아집니다.

둘째 "행복하게 살자"에 대하여 생각해 봅니다.

하나님께서는 우리를 사람을 창조하시던 때에 복을 누리고 살라고 지으셨습니다. 창세기 1장 28절의 말씀에서 다음과 같이 일러 줍니다.

"하나님이 그들에게 복을 주시며 하나님이 그들에게 이르시되 생육하고 번성하여 땅에 충만하라, 땅을 정복하라, 바다의 물고기와 하늘의 새와 땅에 움직이는 모든 생물을 다스리라 하시니라"(창세기 1장 28절)

이 말씀에 의하면 하나님께서 사람을 창조하신 이유가 복을 누리고 살라고 지으셨음을 일러 줍니다. 이를 원복原福. Original Blessing 이라고 합니다. 하나님이 창조 섭리를 따라 사람을 지으시되 주신 복을 누리고 살라고 지으셨습니다. 그러니 바른 신앙생활이란 어떤 생활이겠습니까? 주신 복을 누리고 행복하게 사는 것이 바로 하나님의 뜻입니다.

그래서 동두천 두레마을의 삶은 주신 복을 누리며 행복하게 살자는 것입니다. 땅에 살 동안 행복하게 살다가 죽은 후에 천국의 행복을 누리고 살자는 목표입니다. 그런데 요즘은 크리스천이면서 복을 누리지 못하고 우울증에 걸리거나 공황 장애에 걸리거나 이런저런 모습으로 복을 누리지 못한 채로 살아가는 분들이 의외로 많습니다.

셋째 "베풀며 살자"에 대하여 생각해 봅니다.

크리스천의 삶은 섬기는 삶이요, 베푸는 삶입니다. 이미 하나님께 받은 복을 이웃에게 나누고 베풀며 사는 삶이 두레마을 가족들의 삶이어야 합니다. 섬기는 삶의 모습을 그리스도께서 보여 주셨습니다.

"내가 주와 또는 선생이 되어 너희 발을 씻었으니 너희도 서로 발을 씻어 주는 것이 옳으니라"(요한복음 13장 14절)

"너희 중에 누구든지 으뜸이 되고자 하는 자는 모든 사람의 종이 되어야 하리라 인자가 온 것은 섬김을 받으려 함이 아니라 도리어 섬기려 하고 자기 목숨을 많은 사람의 대속물로 주려 함이니라"(마가복음 10장 44-45절)

두레마을 가족들은 어떻게 하면 늙어서 일하고 행복하게 살고 베풀며 살 수 있을까에 대하여 함께 토론하고 합심 기도하고 연구하며 살아갑니다.

90
하늘로부터 오는 소리

두레선교운동은 50여 년 전 시작하던 때로부터 "땅과 사람을 살리는 공동체 운동"으로 시작하였습니다. 지난 반백 년 동안 잘하든 못하든 꾸준히 이 사명을 잊지 아니하고 실천했습니다. 이제 동두천 산골짜기에서 두레마을운동을 펼치면서 지난 세월에 제대로 실천하지 못하였던 사명을 제대로 실천하겠다는 결의를 품고 새롭게 시작하였습니다.

동두천 두레마을에는 8만 평 산지와 이 산지를 둘러싸고 있는 22만 평 국유지를 합하여 30만 평의 숲이 있습니다. 이곳이 우리들의 사명을 실천하여 나가는 현장現場입니다. 그리고 경남 함양 삼봉산 기슭에 "지리산 두레마을"이 있고, 나의 고향인 경북 청송에도 "청송 두레마을"을 세우는 작업이 진행 중입니다.

동두천 두레마을, 지리산 두레마을, 청송 두레마을이 우리들의 꿈과 비전을 실천하는 보금자리가 됩니다. 여기에 통일 한국시대에 이루어질 개마고원 두레마을이 더하여질 것입니다. 지금 한국의 토양은 병들어 있습니다. 퇴비를 넣어 비옥하게 가꾸지 아니하고 농민들이 편함을 좇아 제초제로 잡초를 잡고 화학 비료에 농약을 다반사로 사용합니다.

그런 농업이 반복되어지니 토양 속의 미생물들과 지렁이, 곤충들이 죽게 되고 토양 성분은 산성화酸性化되었습니다. 땅을 창조하시어 땅의 주인 되시는 여호와께서 오염되고 산성화된 땅을 고치시기를 원하십니다. 그 사명을 우리들에게 주셨습니다. 두레마을은 이 사명을 실천하는 일에 전심전력을 다하는 공동체입니다. 반드시 이루어 내야 할 천직으로 알고 있습니다.

그러기에 두레마을 농업은 4무농업四無農業입니다. 제초제 사용하지 아니하고, 화학 비료 사용하지 아니하고, 농약 사용하지 아니하고, 수익에 매달리지 아니하는 자연농업입니다. 일컬어 에덴동산의 농업이요, 하나님의 농업이요, 자연농업입니다. 요한복음 15장에 일컫기를 하나님은 농부라 하였습니다. 농부 되신 하나님의 뜻을 받들어 좋은 열매 맺는 것이 우리에게 주어진 사명입니다.

토양이 비옥한 정도를 비옥 지수, Humus 지수라 합니다. 휴머스 지수가 10 이상이 되면 과일도 곡식도 채소도 자연 속에서 자라게 됩니다. 이른바 에덴동산의 휴머스 지수가 10 이상이라 하겠습니다. 그래서 두레마을의 농업은 휴머스 지수를 10에 가까이 올려 주는 농업입니다. 그렇게 되면 잡초도 지렁이도 미생물들도 모두가 농민과 합하여 풍성한 작물이 자라게 하는 동지가 됩니다.

91
하늘로부터 오는 소리

"하나님이 이르시되 내가 온 지면의 씨 맺는 모든 약초^{채소}와 씨 가진 열매 맺는 모든 나무^{과일나무}를 너희에게 주노니 너희의 먹을 거리가 되리라"(창세기 1장 29절)

창세기 1장 27절과 28절에서 하나님께서 '하나님의 형상'대로 사람을 지으시고 그들에게 복을 주시고 그 복을 누리며 살게 하셨다 이르셨습니다. 하나님이 주신 복을 누리며 사는 삶은 사람들에게 주어진 축복이요, 특권입니다. 이런 복을 신학에서는 원복^{原福. Original Blessing}이라 일컫습니다. 이어서 말씀하시기를 하나님이 지으신 모든 창조물을 '다스리라' 하셨습니다.

'다스리다'는 말의 히브리어는 RADA입니다. 이 단어는 관리한다, 돌본다, 경영한다는 의미를 지닌 단어입니다. 이런 사명을 일컬어 청지기직이라 합니다. 그리고 그런 청지기직을 감당하며 살아가는 사람들에게 '먹거리'를 주셨습니다. 온갖 약초와 과일들입니다. 한글 성경에서는 '채소'로 나와 있습니다만 가장 대표적인 영어 번역인 King James Version 판에서는 'Herb'로 나옵니다.

하나님께서 손수 지으신 사람에게 약초와 과일을 먹거리로 주시고 주신 복을 누리며 살게 하셨습니다. 우리들의 밥상에 오르는 채소들은 약초입니다. 무도 배추도 당근도 모두 약초입니다. 그리고 사과, 대추, 감, 바나나, 모든 과일이 하나님께서 주신 축복된 먹거리들입니다. 그래서 두레마을에서는 약초와 과일을 열심히 심어 가꿉니다.

400여 년 전 허준 선생께서 쓰신 불후의 명저, 동의보감東醫寶鑑에는 298가지의 약초가 등장합니다. 한반도 각지에서 나오는 약초들입니다. 이들 약초를 먹으며 건강한 몸, 건강한 삶을 살아가는 것이 하나님의 창조 섭리요, 축복입니다. 예를 들어 민들레는 어디에서나 잘 자라는 풀입니다. 그런 민들레가 우리 몸에 탁월한 약초인 줄 모르고 살아갑니다.

한 부인이 위암이 위 전체에 퍼져 수술도, 치료도 못 할 지경에 이르렀습니다. 모든 것을 포기한 채로 산속으로 들어가 민들레를 열심히 먹었습니다. 8개월 후 암에서 해방되어 살아가고 있습니다. 한국 농촌에는 어디서나 잘 자라는 '달맞이꽃'이란 풀이 있습니다. 생존력이 강하여 모든 잡초를 이기고 씩씩하게 자랍니다. 그 풀이 고지혈증을 치료함에 최고의 약초입니다.

물가나 산에는 버드나무가 지천에 자라고 있습니다. 사람들은 버드나무 잎에서 아스피린이 만들어지는 줄은 모르고 있습니다. 두레

두레마을 둘레길

마을 주위에는 쑥이 잘 자라 쑥밭을 이루고 있습니다. 쑥을 낫으로 베어도 될 정도입니다. 그 쑥이 죽을 사람도 살린다는 약초인 줄을 모르고 살아갑니다. 동두천 두레마을에서는 동의보감에 등장하는 298가지 약초들을 골고루 심는 작업을 진행하고 있습니다. 보람된 일이어서 신바람 나게 일하며 지냅니다.

92
하늘로부터 오는 소리

〈하나님이 내리신 곡물 - 보리〉

 하나님께서 사람들의 건강한 삶을 위하여 내리신 곡물이 있습니다. 한국에서는 보리, 서양에서는 오트밀입니다. 제가 어린 시절에 보리는 가난의 상징처럼 구박받았습니다. 그러나 요즘 들어 보리의 진가眞價를 다시 알게 되었습니다. 하나님께서 내리신 곡물 중에 최상의 곡물이 보리입니다. 땅과 사람을 살리는 공동체로써 두레마을은 그간 식품 공장을 세우고 국민 건강식품으로 보리국수를 생산합니다. 보리 음식, 보리 국수는 현대인의 선택이 아니라 필수입니다. 보리가 건강에 이로운 점을 소개합니다.

1) 보리는 당뇨의 예방과 개선에 이롭습니다 : 보리에는 식이 섬유인 베타글루칸이 많이 함유되어 담즙과 결합하여 혈중 지질 수치를 감소시켜 줍니다. 쌀보다 무려 70배가 함유되어 있습니다.

2) 보리는 다이어트 식품입니다 : 보리에는 식이 섬유가 넉넉하여 식욕 조절, 호르몬 분비를 조절하여 식욕을 억제합니다. 쌀의 16배, 밀의 5배가 많습니다.

3) 보리는 심혈관 건강에 이롭습니다 : 보리 속 베타글루칸 성분이 혈중 지방 축적을 억제하는 효능으로 혈액 순환을 원활히 함으로 심근경색과 고혈압을 예방합니다.

4) 보리는 항암과 항산화 효과가 있습니다 : 보리의 SOD 효소, 비타민 C, 비타민 E, 폴리페놀 성분이 풍부하여 항산화 작용에 도움을 줍니다.

5) 보리는 변비를 완화시킵니다 : 보리 속에 함유된 다량의 식이 섬유가 장을 건강하게 하고, 장운동을 활발히 하기에 변비를 완화시켜 줍니다.

6) 보리는 콜레스테롤을 낮춥니다 : 보리에는 불포화 지방산이 풍부하여 체내 LDL, 콜레스테롤을 낮추는 역할을 합니다.

7) 보리에는 면역력을 높이는 효과가 있습니다 : 베타글루칸은 장에서 흡수되어 대식세포가 그 조각들을 방출하는 과정에서 면역 세포 활성화에 영향을 주어 감기 등의 질병 예방에 기여합니다.

8) 보리는 간 건강과 피부 노화 억제에 효과가 있습니다 : 보리에는 사포닌 성분이 다른 곡물에 비하여 2배 함유되어 있어 세포 노화 방지와 피부 노화를 지연시킵니다.

9) 보리는 겨울에 자라기에 병충해가 적어 농약 사용이 필요 없는 작물입니다 : 보리는 10월과 11월에 파종하여 겨울에 자라기에 농약을 주지 아니하기에 자연이 베풀어 주는 4대 건강식품으로 손꼽힙니다.

93
하늘로부터 오는 소리

에스겔서에는 "여호와께서 에스겔에게 이르시되 …"라는 말씀이 계속 나옵니다.

"너는 밀과 보리와 콩과 팥과 조와 귀리를 가져다가 한 그릇에
담고 너를 위하여 떡을 만들어 먹으라"(에스겔 4장 9절)

유대교를 믿는 유대인들은 구약성경을 그들의 경전으로 사용합니다. 오래전 미국 오리건주 포틀랜드에 사는 20대의 한 젊은이가 구약성경 에스겔서 4장을 읽다가 9절에서 에스겔에게 먹으라 이르신 하나님의 말씀을 읽고 도전받아 9절에 등장하는 6가지 잡곡을 원료로 하여 빵을 만들어 시판하였습니다. 그 빵을 먹은 분들의 건강에 뛰어난 효력이 있어 큰 성공을 거두었습니다.

두레수도원에서는 10일 금식과 4일 금식 프로그램이 있습니다. 금식을 마친 후에 이어지는 보식補食 프로그램이 대단히 중요합니다. 10일 금식 후 보식을 잘못하면 모처럼 실행한 금식이 오히려 건강에 해를 주는 경우까지 있습니다. 그래서 금식 후 참가자들에게 바람직한 보식을 위하여 철저한 매뉴얼을 제공합니다.

두레수도원에서 지도하는, 금식 후 보식 중에 에스겔서 4장 9절에 기록된 에스겔 선지에게 하나님께서 일러 주신 6가지 곡물을 가루로 만들어 죽으로 먹게 합니다. 그런데 그 효과가 너무나 탁월하여 많은 분이 이용하게 되었습니다. 두레마을의 에스겔 곡물을 장복한 분들이 여러 가지 지병에서 회복되게 된 예가 많습니다.

이에 두레마을에서 에스겔서 4장 9절에 나오는 6가지 곡물인 밀, 보리, 콩, 팥, 조, 귀리에 유기농으로 재배한 현미를 더하여 7가지 곡물로 건강식을 보급하게 되었습니다. 건강에 주는 효과가 뛰어나기에 별다른 홍보가 없어도 날로 매출이 늘어나고 있습니다. 두레마을로서는 좋은 식품으로 많은 분의 건강에 도움을 줄 수 있게 되었기에 보람을 느낍니다.

서양 의학의 시조 격인 히포크라테스의 말에 "식품으로 고치지 못하는 병은 없다"는 말도 있습니다만 중국 의학이나 한의학 韓醫學에서도 마찬가지입니다. 우리가 날마다 먹는 식품의 중요성에 대해서는 새삼 거론할 필요가 없겠습니다. 요즘 날로 번지고 있는 청소년들의 아토피나 아이들의 ADHD나 각종 성인병들이 그릇된 식품 섭취가 원인이 되는 경우가 허다합니다.

그래서 두레마을은 시작되던 50년 전부터 "땅과 사람을 살리는 공동체 운동으로서 두레마을 건설"을 목표로 삼고 꾸준히 일하여 왔습니다. 우리는 한결같이 자연 농업, 자연 식탁, 자연 식사에 헌신하여 왔습니다. 그리고 성경에서 일러 주는 건강한 식품에 관한 공부를 게을리하지 않았습니다. 지금은 동두천 두레마을 8만평 전체를 약초 농장으로 가꾸어 바른 식품 생산과 보급을 사명으로 삼고 있습니다.

금식을 마친 후 보식을 위한 에스겔 죽 만찬

94
하늘로부터 오는 소리

예수님의 어린 시절에 관하여 누가복음 2장에 2구절이 나옵니다. 누가복음 2장 40절과 52절입니다.

"아기가 자라며 강하여지고 지혜가 충만하며 하나님의 은혜가 그의 위에 있더라"(누가복음 2장 40절)
"예수는 지혜와 키가 자라가며 하나님과 사람에게 더욱 사랑스러워 가시더라"(누가복음 2장 52절)

크리스천 가정 자녀 교육의 4가지 원리를 이 말씀에서 찾을 수 있습니다. 두레 교육은 예수님이 자라실 때의 모습 4가지 원리를 교육의 기초로 삼습니다. 두레 교육뿐 아니라 모든 교육은 이들 예수님이 자라시던 시절의 4가지 원리 위에 세워져야 합니다.

첫째는 지혜가 자라는 지적 성장, 곧 실력입니다.
둘째는 키가 자라는 신체적 성장, 곧 건강입니다.
셋째는 하나님께 사랑받는 영적 성장, 곧 신앙입니다.
넷째는 사람들에게 인정받고 사랑받는 사회적 성장, 곧 성숙한 인간관계입니다.

오늘의 한국 교육은 심각한 지경에 이르고 있습니다. 오죽하면 교실 붕괴, 교육 황폐라 일컫겠습니까? 그래서 한국 교육의 대안代案, Alternative은 교회에 달려 있습니다. 한국교회가 한국 교육의 미래입니다. 100년 전 한국교회가 시작되던 시기에는 한국교회가 한국 교육을 일으킴에 선도적인 역할을 하였습니다. 한국의 현대 교육은 한국 기독교가 국민 교육에 전심전력함으로 한국 교육의 기초를 닦았습니다.

구한말 온 나라가 황폐하고 민심이 피폐하여 멸망의 징조가 뚜렷하였을 때 한국교회는 '한 교회 한 학교 세우기 운동'을 전개하며 교육입국教育立國의 비전으로 겨레의 장래를 도모하려 하였습니다. 그래서 나라 곳곳에 중학교를 세우고 대학을 세웠습니다. 그리고 교회 안에서도 교인들을 교육하는 일에 전심전력을 기울였습니다.

오늘날 한국의 번영은 국민 교육에 헌신하였던 한국 교회 수고의 열매라 할 수 있을 것입니다. 그러나 3, 40여 년 전부터 한국교회는 교회 자체가 크게 성장해 나가면서 국민 교육에 대한 열정과 비전을 잃어버리게 되었습니다. 초대 교회 선교사들과 선배 교인들의 교육입국에의 열정을 소홀히 하고 교회 성장에 몰두하게 되었습니다.

그리하여 한국 교육의 주도권을 교회는 잃어가게 되었습니다. 요즘 들어 한국교회의 뜻있는 일꾼들은 이 점을 깊이 반성하며 다시 한 번

국민 교육을 살리자는 비전을 되살리고 있습니다. 곳곳에 교회가 중심이 되어 대안 학교 代案學校 가 세워지고 교회들이 한국 교육의 병든 모습을 고치려는 사명감을 불태우고 있습니다. 두레 목회는 한마디로 교육 목회요, 두레 운동은 교육 운동입니다.

95
하늘로부터 오는 소리

두레교육 역시 예수님께서 어린 시절에 어떻게 자라셨는가에 대한 누가복음 2장 52절의 기록을 기본으로 합니다.

"예수는 지혜와 키가 자라가며 하나님과 사람에게 더욱 사랑스러워 가시더라"(누가복음 2장 52절)

1) 지혜가 자라며
2) 키가 자라고
3) 하나님께 사랑받고
4) 사람들로부터 사랑받으셨습니다.

이들 4가지를 기본으로 삼아 학생들의 실력을 기르고 튼튼한 몸으로 자라게 하며 어린 시절부터 하나님을 잘 섬기는 신앙 지도와 성경 공부를 기본으로 합니다. 그리고 사람들로부터도 인정받고 사랑받는 사회성을 기르는 일을 두레교육의 기본으로 삼습니다.

동두천 두레마을에 세워진 두레국제학교는 초등 과정에서 중고등에 이르는 12 학년제입니다. 모든 두레 학생은 날마다 3가지 과목을 필수 과목으로 실시합니다.

첫째는 날마다 아침 수업 시작하기 전에 40분에 걸쳐 실시하는 성경 공부와 묵상 시간입니다. 그리고 주 1회 김진홍 목사가 설교하는 채플 시간과 성경 공부 시간을 가집니다. 모든 학과목의 기초에 하나님을 알고 믿는 영성 수련을 기초로 삼습니다.

둘째는 하루 한 시간 이상 체육과 신체 단련을 필수로 합니다. 건강하지 않으면 다른 모든 것은 헛되게 됩니다. 그래서 체력 단련을 매일 필수 과목으로 삼습니다. 이를 위하여 동두천 두레마을 안에 실내 체육관, 풋살 축구장, 테니스장, 그리고 체력 단련을 위한 각종 시설을 갖추고 있습니다. 앞으로 실내 수영장, 사우나실, 골프 연습장을 추가로 세우게 됩니다.

셋째는 영어 과목입니다. 두레국제학교는 글자 글대로 International School입니다. 국제학교로서의 위상은 국내에서 우수한 학교 수준이 목표가 아닙니다. 세계 수준에서 명문 학교로 발돋움하려 합니다. 특히 두레학교는 미국, 독일, 스페인에 분교를 두고 있습니다. 학생들은 재학 기간 중에 이들 해외 학교에 순회하며 교육을 받게 되고 해외 유학을 지망하는 학생들은 미국 고등학교로부터 졸업장을 받게 됩니다.

동두천 두레마을에 자리한 두레국제학교

두레국제학교는 전교생이 기숙사에서 보내게 됩니다. 그러나 초등과정은 아직 부모 슬하에서 자라야 할 나이이기에 양주시 덕정지구에 세워진 초등학교에서 5학년까지 교육을 받고 6학년부터 기숙사로 들어오게 됩니다.

내 삶을 이끌어 준

열한 번째 말씀

스스로 개척하라

여호수아가 그들에게 이르되 네가 큰 민족이 되므로
에브라임 산지가 네게 너무 좁을진대
브리스 족속과 르바임 족속의 땅 삼림에 올라가서 스스로 개척하라 하니라
(여호수아 17장 15절)

96
스스로 개척하라

성경은 개척자들의 이야기입니다. 믿음의 조상 아브라함에서 시작하여 모세, 여호수아와 갈렙, 다윗을 거쳐 베드로, 바울에 이르기까지 개척자들의 이야기가 이어집니다. 개척 정신 開拓精神이야말로 사회와 국가의 번영을 이끌어 주는 바탕이 됩니다. 사회와 국가가 번영을 이루려면 기업이 발전하여야 합니다. 기업이 발전하려면 기업을 이끄는 기업가들의 기업가 정신이 왕성하여야 합니다. 기업가 정신에는 3가지 정신이 기초가 되어야 합니다.

1) 창조 정신 2) 개척 정신 3) 공동체 정신

이들 3가지 정신이 왕성할 때 사회와 국가는 오랜 침체에서 벗어나 번영으로 발돋움하게 됩니다. 성경이 위대한 책인 것은 이런 정신들이 왕성할 수 있도록 뒷받침해 주는 책이기 때문입니다. 창세기 1장에서 이르기를 하나님께서 사람을 지으시던 때에 하나님의 형상을 따라 지으셨다 하였습니다.

"하나님이 이르시되 우리의 형상을 따라 우리의 모양대로 우리가 사람을 만들고 그들로 바다의 물고기와 하늘의 새와 가축과

온 땅과 땅에 기는 모든 것을 다스리게 하자"(창세기 1장 26절)

'하나님의 형상'은 5가지 정신을 바탕으로 합니다.

   1) 영이신 하나님
   2) 사랑이신 하나님
   3) 창조하시는 하나님
   4) 공동체로 계시는 하나님
   5) 자유하시는 하나님

이들 하나님의 형상은 경영학에서 일컫는 기업가 정신과 맥을 같이 합니다. '하나님의 형상 Imago Dei, Image of God'을 많이 지닌 사람이 영적인 사람입니다. 그러기에 하나님의 형상을 많이 지닌 사람이 바로 기업가 정신이 왕성한 사람입니다. 그리고 기업가 정신이 왕성할 때 그 사회와 국가는 번영과 행복을 이루어 갈 수 있게 됩니다.

정치적으로 자유 민주주의, 경제적으로 열린 사회 자본주의, 사회적으로 복지 사회, 거기에다 인권이 존중되는 법치 사회를 이루어 나가려면 성경적 가치관과 역사관과 인간관이 뒷받침되어야 합니다. 그런 성경적 가치관의 기초는 바로 '하나님의 형상'이요, '기업가 정신' 입니다.

97

스스로 개혁하라

〈3가지 삼위일체 三位一體 신앙〉

기독교 신앙에 기본이 되는 교리 중에 삼위일체 신앙이 있습니다. 성부 하나님, 성자 하나님, 성령 하나님이 일체가 되는 삼위일체 신앙입니다. 그런데 그 삼위일체 신앙 외에 2가지가 더 있습니다. 가정과 교회와 일터가 하나가 되는 삼위일체입니다. 그리고 가정과 교회와 학교가 하나로 연결되는 삼위일체입니다.

우리가 신앙생활에서 갈등을 느끼게 되는 경우가 있습니다. 가정생활과 교회생활이 부딪히는 경우입니다. 교회에서는 모범적으로 보이는 목사요, 장로요, 권사로 처신하는데 정작 가정에서는 불화하고 경건치 못하고 때로는 폭군처럼, 위선자처럼 행동하는 경우입니다. 마찬가지로 가정이나 교회에서는 모범적인 교인인데 막상 일터인 직장에서는 진실하지 못한 경우도 있습니다.

우리가 크리스천이라면 가정생활과 교회생활과 직장생활이 성경적인 바탕에서 바르게 연결되어져야 합니다. 말하자면 가정과 신앙과 일터가 일체가 되는 제2의 삼위일체 신앙입니다. 그리고 신앙과 교육과 산업이 일체가 되는 제3의 삼위일체 신앙도 있습니다. 교인들의 가정을 방문하다 보면 주일임에도 자녀들을 학원으로 보내는 경우가 있습니다. 가정예배 드리고 있는데 자녀는 시험 준비한다고 방에서 나오지 않는 경우도 있습니다. 나는 그럴 경우에 예배드리고 시험공부 하라고 엄하게 말합니다. 영적인 기초가 없이 신앙의 바탕이 없이 공부하여, 그 공부가 이룰 수 있는 열매가 무엇이겠습니까? 교회생활을 외면한 채로 직업에 매달리기만 한다면 그 결과가 무엇이겠습니까?

영적인 기초가 흔들리는 채로는 가정을 세우는 일도, 경제를 일으키는 것도 모래 위에 세운 집이 됩니다. 이 점에 대하여 신명기서 8장에서 일러 줍니다.

"너를 낮추시며 너를 주리게 하시며 또 너도 알지 못하며 네 조상들도 알지 못하던 만나를 네게 먹이신 것은 사람이 떡으로만 사는 것이 아니요 여호와의 입에서 나오는 모든 말씀으로 사는 줄을 네가 알게 하려 하심이니라"(신명기 8장 3절)

이 말씀에서 '떡'은 '경제'를 일컫습니다. '떡, 경제'가 있어야 하지만 말씀 없는 경제는 사람에게 유익을 주지 못합니다. 경제는 말씀 위에 세워져야 합니다. 예수께서 40일 금식하신 후 3가지 시험 받으실 때, 첫 번째 시험을 신명기 8장 3절의 말씀으로 이기셨습니다. 삶의 터전인 가정과 신앙의 터전인 교회와 경제의 기본인 산업이 성경 말씀 안에서 하나로 되는 삼위일체 신앙은 크리스천 삶의 기본입니다.

내 삶을 이끌어 준 12가지 말씀

열두 번째 말씀

내 영혼이 은총입어

내가 그리스도 안에 있는 한 사람을 아노니
그는 십사 년 전에 셋째 하늘에 이끌려 간 자라
(그가 몸 안에 있었는지 몸 밖에 있었는지 나는 모르거니와 하나님은 아시느니라)
내가 이런 사람을 아노니
(그가 몸 안에 있었는지 몸 밖에 있었는지 나는 모르거니와 하나님은 아시느니라)
그가 낙원으로 이끌려 가서 말로 표현할 수 없는 말을 들었으니
사람이 가히 이르지 못할 말이로다

(고린도후서 12장 2절~4절)

98

내 영혼이 은총입어

나에게 나보다 4살 위인 형님이 있었습니다. 인물이 좋고 성품도 좋고 매너 역시 좋은 형님이었습니다. 그 형님이 군에서 제대하여 온 후로 평상시보다 행동이 달라졌습니다. 당황한 동생들이 형님을 병원으로 데리고 가서 진찰해 보니 조현증이라 하였습니다. 그 후 10년간 우리 동생들은 형님 뒷바라지하느라 어려운 시기를 보냈습니다.

10년 세월, 형님으로 인하여 고통을 겪은 어느 날 형님이 이른 아침 밝은 얼굴로 행복한 미소를 지으며 "동생들, 나 오늘 새벽에 예수님을 만났어"라고 말했습니다.

활짝 웃는 얼굴로 말하는데 이전과는 전연 다른 모습이었습니다. 놀란 내가 "형님 자세히 말해 보세요. 예수님을 만났다니 무슨 말인가요?"하고 물었습니다. 형님은 평소와는 달리 차분한 음성으로 예수님을 만난 자초지종을 일러 주었습니다.

새벽잠이 깨어 하루를 시작할 즈음 흰옷 입으신 예수님이 빛 가운데서 나타나시어 "내가 너를 병 가운데서 낫게 하노라"라고 말씀하셨는데 그 말을 듣는 순간 온몸에 기쁨이 임하고 편안한 마음이 밀려오면서 마음이 가뿐하여졌다 하였습니다.

그날 이후로 형님은 정상적인 사람으로 변화되었습니다. 우리 집안이 그때 느낀 기쁨은 말로 표현할 수 없는 정도였습니다. 형님은 몇 해를 행복하게 지나시다 간경화증으로 죽음을 맞았습니다.

오늘 이 글에서 쓰고픈 것은 그 형님이 임종하던 자리에서 내가 받은 감동과 감격입니다. 임종을 앞둔 형님의 얼굴이 천사의 얼굴처럼 변하였습니다. 만면에 웃음을 지으며 형님이 말했습니다.

"동생들, 나 오늘 예수님 나라로 간다. 동생들 나 때문에 고생 많이 했어. 내가 땅에서는 갚을 수 없어도 예수님 나라 먼저 가서 예수님께 동생들 도와주시라고 말할게."

나는 형님의 말을 들으며 '야, 형님은 성공하였구나' 하는 감동에 기쁨의 눈물을 흘렸습니다. 이어서 형님이 말하기를 "동생들 나 예수님 나라 가는데 찬송 한 곡 불러 줄래" 하기에 "예 형님, 무슨 찬송 부를까요?" 하고 물었더니 "내 영혼이 은총 입어" 찬송을 불러 달라고 하였습니다. 찬송가 438장인 이 찬송을 동생들이 부르는 중에 3절이 끝날 즈음 숨을 거두었습니다.

그때 받은 은혜중에 가장 중요한 것이 나 역시 천국에 대한 확신을 지닐 수 있게 된 것입니다. 사도 바울은 14년 전 셋째 하늘인 천국을 다녀온 간증을 고린도후서 12장 첫 부분에 쓰고 있습니다. 사도 바울이 다녀온 셋째 하늘인 천국 소망은 우리 크리스천들이 누릴 축복이요, 특권입니다.

99

내 영혼이 은총입어

〈두레마을 시니어타운 - 야곱의 집〉

"야곱의 집이여 ... 내게 들을지어다. 배에서 태어남으로부터 내게 안겼고 태에서 남으로부터 내게 업힌 너희여 너희가 노년에 이르기까지 내가 그리하겠고 백발이 되기까지 내가 너희를 품을 것이라 내가 지었은즉 내가 업을 것이요 내가 품고 구하여 내리라" (이사야 46장 3절과 4절)

두레 공동체 운동을 시작한 지 반백 년이 지났습니다. 30세 나이에 시작하여 어언 82세가 되었습니다. 그간의 세월에 사연도 많았고 곡절도 많았습니다. 지난 세월을 돌이켜 보며 천국에 가기 전에, 두레마을 시니어타운 야곱의 언덕을 세우는 사역을 내 인생 마지막 사역으로 삼으려 합니다.

우리나라는 노인의 시대에 들어서게 되었습니다. 65세 이상의 노인 인구가 천만에 이르게 되었습니다. 천만 노인의 시대에 노인들을 위한 사역의 중요함은 거듭 말할 나위 없을 것입니다. 이에 두레마을 공동체에서는 60세 이상의 시니어들이 입주하는 야곱의 언덕을 세웁니다. 법규에 의하면 시니어타운은 60세 이상의 건강한 노인들이 임대 조건으로 입주하게 되어 있습니다.

두레마을 시니어타운 야곱의 언덕은 4가지를 기본으로 합니다.

1) 바른 영성
2) 건강한 노후 생활
3) 질 높은 문화 프로그램
4) 수준 높은 약선 식탁

이들 4가지를 기본으로 3가지 생활신조를 바탕으로 합니다.

1) 행복하게 살자
2) 건강을 누리며 가꾸며 살자
3) 일하며 보람 있게 살자

100
내 영혼이 은총입어

우리는 천국에 이르기까지의 순례길에서 3가지 기도 제목이 있습니다.

1) Well Being
2) Well Aging
3) Well Dying

사람답게 살고, 품위 있게 늙어 크리스천답게 죽을 수 있어야 합니다. 한 번 사는 인생인데 건강하고 행복하게 보람을 누리며 살다 천국으로 옮겨갈 수 있어야 합니다. 그래서 두레마을 시니어타운 야곱의 집이 의미를 가집니다.

건강하게 살기 위하여 좋은 식탁, 규칙적인 운동이 필요합니다. 그리고 두레마을 시니어타운 야곱의 집은 의사, 한의사, 간호사, 물리치료사가 마을에 입주하여 서로 돌아보게 합니다.

행복하게 살기 위해서는 복의 근원이신 하나님을 지성으로 섬기며 다양한 문화생활로 삶의 질을 높여 나가야 합니다.

보람 있게 살아가기 위해서는 나이 들어서도 일하며 살아가야 합니다. 야곱의 언덕 가족들은 하루 4시간 일하는 것을 원칙으로 합니다. 물론 자발적인 참여입니다. 4시간 일하게 되면 시간당 노동비를 지불하여 일에 보람이 있게 할 것입니다.

그리고 자녀들이 두레국제학교의 초중고 과정에 다니기를 원하는 경우는 조부모 중 한 분이 60세 이상이면 그 이름으로 입주하여 손주들이 두레학교에 다닐 수 있게 됩니다.

끝으로 하고픈 말이 있습니다. 두레마을의 야곱의 언덕은 그냥 노후를 보내는 여느 일반 시니어타운과는 차원이 다르고 격이 다릅니다. 교회와 겨레를 섬기는 동지들로, 동역자들로 만나기를 원합니다. 통일한국 시대를 위하여 함께 기도하고 일하고 헌신하는 사명과 비전이 있는 공동체를 이루어 나갈 수 있기를 원합니다.

글을 마치며

나는 82세입니다. 그간 살아온 세월은 개인으로나 민족으로나 질풍노도의 시대였습니다. 일본 강점기에 일본에서 태어나 5살 때 해방을 맞아 그해 가을 귀국선을 타고 귀국하였고, 해방 이후 좌우 대결의 혼란기를 지나 6.25 전란을 맞았습니다. 전쟁 통에 인민군과 국군이 번갈아 마을에 들어오고 미군 비행기의 오폭으로 풀숲에 엎드려 "하나님 살려 주십시오" 하고 기도하던 날의 모습이 지금도 눈에 선합니다.

4.19에 이어 5.16, 그리고 유신 체제에 항의하다 옥살이 하던 일. 이 모두를 돌아보면 용하게 지금에까지 이르게 되었구나 하는 감회가 새로워집니다. 2차 세계 대전 이후 새로 시작된 신생 정부가 120여 나라에 이르지만, 그중에 산업화와 민주화를 동시에 이루고 지식 정보 사회까지 이루게 된 나라는 우리나라가 유일합니다. 참으로 장하고 자랑스러운 역사입니다.

이제 국가적으로 남은 과제는 두 가지입니다. 선진 한국을 이루는 일과 통일 한국을 이루는 일입니다. 이 두 가지 과제를 이루어 내려면 필요한 것이 3가지입니다.

 첫째는 국민의 역량과 국가의 자원을 어떻게 조직화하여 한 방향으로 나가게 할 것이냐는 과제입니다.
 둘째는 이 과제를 성취하여 나갈 정치적, 사회적 지도력을 어떻게 세워 나갈 것이냐는 문제입니다.
 셋째는 자라나는 청소년 세대를 어떻게 바르게 교육, 훈련하여 행복한 개인이 되고 위대한 통일한국 시대를 담당하여 나가는 일꾼들이 되게 할 것이냐는 문제입니다.

 그간 온갖 소용돌이 속에 살아오다 보니 미처 모르는 사이에 82세에 이르렀습니다. 새삼 자신의 삶을 돌아보게 되고 교회와 나라를 생각하게 됩니다. 그리고 내가 할 수 있는 몫을 생각하고, 하여야 할 몫을 생각해 봅니다.
 내 나이와 체력을 생각할 때 내가 일할 수 있는 세월은 10년 안팎이 될 것입니다. 그간에는 연습하느라 시행착오를 거듭하여 스스로 아쉬움이 많습니다. 그러기에 이제 남은 세월만큼은 정도正道를 걸어야지 하는 다짐을 거듭하게 됩니다.

내 삶을 이끌어 준
12가지 말씀

2023년 10월 5일 초판 발행

지 은 이	김진홍
발 행 인	방경석
편 집 장	방지예
디 자 인	방지예
교 정	임미경
제 작	SD SOFT
등 록	제 301-2009-172호(2009.9.11)
주 소	경기도 동두천시 정장로 43
전 화	010-3009-5738
발 행 처	미문커뮤니케이션

Printed in Korea
ISBN 979-11-983072-1-7 03230

가 격 17,000원